互联网组织的顾客参与和服务创新

唐承鲲 ◎ 著

上海人民出版社

序

互联网和人工智能是影响当今人类社会发展趋势的两项突破性的技术,其中以互联网为媒介的服务业新商业模式正在蓬勃兴起。顾客参与是服务业创新的一项重要标志。在这样一种时代背景下,唐承鲲的专著《互联网组织的顾客参与和服务创新》出版问世可以说正当其时。

该著作界定了顾客参与驱动互联网服务创新的内涵,给出了参与型创新过程的理论模型;揭示了顾客参与影响互联网组织服务创新绩效的机制,并从知识转移的角度探讨了组织服务创新绩效的实现过程。同时,该著作运用案例研究方法,对顾客参与策略进行了探讨。笔者相信,该著作的研究内容以及得到的一系列研究成果一定能对奋斗在服务行业的管理者们起到重要的参考作用,对于这一领域的研究学者也会有一定的启示。该著作的主要特点可以归纳如下:

1. 唐承鲲作为访问学者赴英国普利茅斯大学数字技术与艺术研究中心交流学习,并参与互联网数字产品项目管理的合作研究以及 Artory 等案例项目的开发。在那儿他积累了许多关于互联网研究的前沿知识及文献,因此该著作收集的相关领域的资料丰富,新的研究成果也较全面地体现在这本著作中。

2. 描述了顾客参与服务创新的演进过程：从关注产品性的功能型服务创新，到关注服务质量的体验性服务创新，再到如今的开放、系统的，包容更多利益相关方的参与型创新过程，揭示了这一演进变化过程与顾客所投入的资本禀赋，人力资本、社会资本、心理资本的内在关系。这一成果对于服务业如何应对变化着的顾客群体，无疑具有战略性的启示。

3. 该著作在理论构建的基础上采用问卷调查及数据分析方法证明了顾客参与和创新绩效的关系，分析了这两者之间的内在机制。这一实证研究使得成果具备了实践的内在品质，从而使得关注绩效的服务企业具有了创新的底气和信心。

4. 该著作通过行为研究将所提出的理论模型应用多个案例进行验证，归纳出互联网组织在实施顾客参与的服务创新战略时应采取的策略措施。例如，根据顾客显性需求利用顾客知识强化核心服务；根据顾客隐性需求利用顾客知识拓展衍生服务，进而构建更为敏捷的渐进式的创新迭代模式；等等。这些成果体现了管理科学实践性及实用性的本质要求，必能在服务行业的管理实践中取得实际成效。

总之，这是一部值得一读的学术著作，也是一部具有实用价值的管理著作，期待它的出版能为我国建设服务业强国起到添砖加瓦的作用。

戴昌钧

于东华大学旭日楼

2017 年 12 月 18 日

目 录

1

第一章 绪 论

第一节 相关的社会背景和意义

一、社会背景和时代特征

当下，以网络为基础的服务业迅速崛起，新兴商业模式不断涌现，"消费主导—服务业推动"的组合逐渐成为新的增长动力，个人移动端的大量普及，加快了互联网经济的全面崛起。企业的生存和发展离不开不间断的服务创新，而今天顾客对服务的期待和评价已经与往日完全不同，"共享、互联、平等"的互联网思维正深入各个层面，顾客参与创新渐成趋势。关于服务和服务创新的研究，近三十年来也越来越受到国内外学者的关注。对于企业来说，获得创新源至关重要，创新源的获取路径主要有二：内部研发和外部获取（包括合作研发）。顾客参与服务创新是在共创的价值认同和网络趋势下，对服务生态系统的完善，而这一过程将更有效、高效地促进企业服务创新。但相关资料显示，大约八成以上的创新引进项目存在不同程度的问题，导致无法成功实施。因此，外部创新源的转化创新绩效机制问题，迫切需要研究者的关注与解答。

（1）互联网服务业为代表的知识密集型服务业高速崛起

我国互联网产业虽然起步较晚，但是发展势头迅猛，根据中国互联网信息中心调查报告，截至 2014 年 6 月，我国网民规模已达 6.32 亿，手机网民达 5.27 亿人，较 2013 年增加 2699 万人。根据艾瑞咨询统计数据，2013 年电子商务市场交易规模 9.9 万亿元，移动互联网市场规模 1059.8 亿元。阿里巴巴等一批中国互联网企业陆续登陆纽约交易所。中国已经成为世界互联网第一大国。互联网服务已经不仅仅是一种信息工具、娱乐手段，更作为一种人与人的沟通方式、生活必需品，渐渐深入并改造我们的行为模式，且体现出巨大的商业价值。

互联网服务业具有高知识性、高创新性、高互动性等特点，是典型的知识密集型商业服务（Knowledge-intensive Business Services），是国民经济的重要增长点；互联网服务方式的演变得益于互联网服务创新，而 KIBS 是创新的来源，创新又是 KIBS 发展的动力。[1]因此，深入研究互联网服务业创新，对创新和深刻揭示服务创新的规律以及促进经济发展有重要意义。

（2）围绕"知识"进行创新成为企业服务创新的主导范式

知识无疑对企业具有重要的战略意义，是企业的重要的战略资源，而如何有效利用、挖掘和管理这一资源，实现竞争优势成为多年来学者们研究的热点。全球化趋势不但增加了市场的竞争氛围，也增强了知识和学习的竞争性。努力创新并增强市场的联接能力、学习和创新的能力成为一个企业、区域甚至国家取得竞争力的决定因素。[2]Nonaka（1991）指出，这个充满不确定性因素的经济环境中，知识是唯一确定的竞争优势的来源。

"知识经济"占据全球经济主导地位，并推动服务业迈向"知识密集型经济"。[3]随着传统服务业知识密集化程度的提高，依托互联网技术的企业大量兴起，互联网服务业逐渐成为国家创新经济体系重要力量，知识对于这一产业来说是竞争的本质及优势来源，即依靠知识的生产和利用来解决问题的能力。同时，互联网服务业对就业与经济的贡献也不断增强，对经济中的创新起到积极的作用。这些组织所要共同面对的一个难题是：如何对知识进行挖掘与有效管理，通过对的知识转化利用实现有效的服务创新，提高竞争力。

（3）顾客角色在"服务经济"时代被重新定义

一方面，随着顾客支付能力和个体素质的提高，其对个性化服务产品的需求日益增加。而服务通常具有易逝性、生产和消费同时性等区别于制造业的特性[4]，因此顾客常常是服务生产和服务传递过程的参与者。消费者、有形资源、员工、服务提供方各系统之间存在交互作用。[5]早期顾客的参与十分被动，而随着越来越多的意识到顾客的参与能够为服务生产带来好处，于是服务提供方开始积极鼓励顾客成为"兼职员工"，参与服务过程。这种顾客参与活动，相对制造企业来说，服务企业更为多见。[6]Vargo 和 Lusch（2004）提出的服务主导逻辑（SDL），即是这种思想的理论呈现。在该理论中，企业的价值增值得益于与顾客的共同创造，产品的概念转变为顾客体验，价值传递变为价值主张，操作性资源交易被对象性的资源交易所替代，顾客更是营销、消费和服务传递过程中的重要的价值贡献者。

另一方面，随着互联网企业平台化，企业更多的是做好各自资源的联结者的工作，而对于顾客角色的界定逐渐呈现多元性特征，各个处在平台上的利益相关方都是互联网组织的顾客，可以是个人顾客，可以是组织顾客，可以是第三方供应商，也可以是第四方、第五方供应商。企业服务创新是追求多方价值增值的过程。

Firat（1995）等学者指出，后现代营销时代的一个标志是：产品很可能由有形的物品变为一个动态的过程，顾客能够浸入其中并提供帮助。[7]企业对待顾客的视角很重要，将顾客视为服务过程中的合作伙伴时,此时的服务生产方式变成共同生产,是一种提高顾客价值感知的过程,这种以顾客为导向的服务理念也与市场导向相一致。[8]生产者—消费者的边界也进一步模糊,Prahalad 等(2004)认为顾客角色的转变主要是:从相互分离向相互连接转变,从无意识向更为熟悉的,从被动转向主动的角色。在服务生产过程中,顾客出于对自身利益的考虑,也积极参与服务生产。Mills 和 Morris(1986)认为,在这种共同生产中,顾客可以被认作企业的"临时雇员",他们在服务的生产和传递部分中发挥着和普通员工一样的作用。Gersuny 和 Rosengren(1973)从复杂的社会网络对顾客角色进行识别,认为存在四种典型顾客角色:资源,共同生产者,购买者,使用者。[9] Lengnick-Hall(1996)在此基础上提出:资源,资源共同生产者,购买者,使用者和产品五种角色的分类,强调了顾客既是产品的购买者、使用者,又是销售的结果。这些研究都指明了顾客在服务生产过程中直接或间接影响生产过程,对服务组织有着重要的影响。[10]随着我国消费者自身条件的成熟,购买力的提高,顾客参与服务的共同生产的趋势越发明显。值得注意的是,由于服务行业、顾客能力的差异性,顾客参与服务生产与创新的程度与作用各不相同,所以对于顾客参与服务创新的研究需要考虑差异化特征。

(4)顾客参与创新成为企业重要策略

随着顾客个体素质的提升,顾客共同参与服务生产与创新渐成趋势,这种现象在知识密集型服务企业中越发突出。在这类企业中,顾客常常需要和企业共同生产和创造出知识性的解决方案。而互联网服务组织往往体现了这种定制化和非结构性特征,如搜索服务、在线教育等,这类企业如果单靠企业自身生产服务,不但会增加生产成本,同时服务产品也很难与顾客需求匹配。顾客自身所拥有的知识和能力是企业成功传递服务产品的关键，顾客与企业的合作是多层次的协作关系；这些知识既包括显性知识，也包括很难获取的隐性知识，比如顾客的喜好、体验等。

Sawbney（2006）将知识密集型服务定义为解决特定问题的过程。[11] 但是很多时候顾客对自身的要求并不十分清楚，比如在线选择旅游服务时，顾客很难描述自己理想旅游体验的细节，但对目标有明确要求，所以这对知识密集型企业在创造服务产品过程中，诊断问题和解决问题时显得十分重要。Miles（1995）认为知识密集型商业服务是以知识为基础的中介产品和服务，在知识的生产和传播中起着重要的作用。也就是说，互联网服务企业主要的生产方式是获取、利用、生产、传播知识。Bettencourt 等（2002）指出，在交易过程中组织顾客拥有大量的关键市场知识和信息，在服务过程中投入的不仅是金钱，还有精力和时间。[12] Den Hertog（2000）更是明确提出，知识在顾客与企业交互过程中的核心作用。企业与顾客交互过程中交换大量的显性知识和隐性知识。顾客在生产过程中的投入，影响了服务产出的质量和对服务解决方案的满意程度。所以，对于互联网服务企业中顾客参与的策略探讨具有较高的实践价值和很强的典型性。

综上所述，对于服务创新的研究对企业的生存发展至关重要。而对于服务创新的来源，尤其是组织外部的创新源泉以及服务创新绩效实现机制是其中的重要课题。"服务经济"已成为重要的经济构成，在互联网时代下，新的经济组织面临更为快速、复杂的市场情境，对于互联网背景下服务创新的研究凸显了重要的理论意义和实践价值。知识是以互联网企业为代表的知识密集型服务企业不可或缺的立业根本，而顾客就是重要的服务创新知识来源，遗憾的是目前的研究较多停留在对于顾客参与的界定和重要性的探讨等方面,对其分类的研究往往缺乏在互联网语境下的特征,故探讨顾客参与互联网企业的服务创新绩效转化机制和管理策略显得十分重要和必要。

二、理论意义和现实意义

（1）理论意义

本书深入分析与探讨了互联网服务组织中顾客参与服务创新的相关理论。

首先,通过研究互联网组织特征和分析服务创新研究趋势,提出参与型服务创新的概念,并在此基础上提出顾客参与驱动互联网组织服务创新的三阶段过程,是对服务创新研究的补充和完善。

第二,本书结合现有理论与实际案例深入探讨顾客参与服务创新的概念内涵、分类特征、管理策略等问题,借鉴现有理论研究,从顾客资本禀赋的角度提出顾客参与服务创新的全新解释,对顾客创新管理的提供了理论支持。

第三,本书以互联网组织为研究对象,以顾客参与为视角,结合知识转移、开放创新和用户创新等理论成果,使顾客参与同企业服务创新绩效得以有机连接,揭示并探讨顾客参与影响服务创新绩效机制,是对互联网环境下服务创新理论的进一步拓展。

（2）现实意义

本书除了上述所列理论意义外,不但对互联网服务企业,也对互联网时代特征下的服务业具有管理实践意义。

第一,研究互联网中用户参与创新的概念、维度及其作用,将有助于互联网服务组织对这一行为的理解,加速转变用户在服务生产中的角色转变,将顾客从被动的服务消费者转变成服务的共同创新者,一方面可以提升互联网服务企业自身的生产效率,同时,也会提升顾客的满意度、忠诚度和体验价值。另外,在创新过程中,顾客与企业之间单纯的买卖关系转变为合作伙伴、甚至朋友的关系,这将有助于互联网服务企业取得可持续的竞争优势。

　　第二,研究互联网用户参与创新对服务创新绩效的影响,可以为互联网服务企业制定"用户导向"的服务创新战略提供依据。通过不同类型顾客的参与来协同促进服务创新。虽然近年顾客在服务创新中的重要作用,已经在大量的研究中得到证实;但是由于互联网与传统服务业快速结合,很多企业对如何对用户参与创新进行有效管理仍然所知甚少,特别是对领先用户的作用关注不足。本书无疑为互联网服务业提供了可以参考的协作创新模式,对企业具有实践意义。

　　第三,研究顾客参与服务创新对创新绩效的作用机制,揭示顾客知识转移在其中的中介作用,在此基础上进行的实践探索,对其他类似组织具有借鉴意义。在互联网时代,用户参与为企业提供最有价值的资源便是顾客的知识,所以,对顾客的知识获取、转化应用的研究将是提升服务创新绩效的有力途径。在此基础上,结合笔者在英国访学时参与的实践案例,提出推进互联网服务组织的顾客参与、实现服务创新的策略方案。

第二节　主要关注对象和内容构成

一、主要关注对象

（1）互联网服务业

　　目前对于互联网服务业还没有形成完全统一的概念,结合前人的研究基础,参照互联网产业链,我们对互联网服务业进行定义:基于互联网技术,向顾客提供服务的产业,是典型的知识密集型服务业,是现代服务业和互联网的交叉融合下的新兴产业,突出的是其服务属性。

　　相比其他服务业，互联网服务业自身的互联网特性决定了它的主要特征：与其他服务业与产业高度的融合和交叉——如时下的热门概念，O2O（线上和线下）和"互联网+"无一不体现着这种融合和交叉的特点；效益高增长性——由于互联网服务产品可以通过大量复制和传播，其边际成本趋向于零，同时它免除了传统服务业在时间和地域上的差异，使得交易成本得以下降，其边际效益不断上升；高度的创新性——互联网技术所建构的商业模式不断创新和改进，其核心是以顾客为导向，创新是主线；其处于高速成长期，体现为新型商业模式的不断涌现和与传统服务业的磨合交融，许多旧产业或萎缩或转型，更多的产业被创造，如网络送餐、互联网 P2P、线上健康管理等。

　　正因为其在不断成长变化中，所以对互联网服务业进行分类并不是一件容易的事。360 互联网企业董事长周鸿祎认为互联网产业链是一个系统性和层次性的有机结合体，分为终端服务层和基础层两个层面。基础层主要是指构建网络的基础设施服务业，例如：互联网接入商，这种通讯设备的提供商（路由器、服务器、交换机等）。由于基础服务提供方以生产、制造企业为主，技术特征较强，故本书的主要研究对象主要是终端服务层。

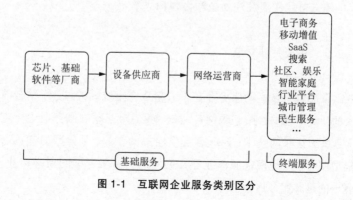

图 1-1　互联网企业服务类别区分

8

（2）服务创新

关于服务和服务创新的研究，近年来越来越受到国内外学者的关注。对于服务创新的研究，最初来自熊彼特的创新理论，而且是基于制造业的创新研究提出的，国外早于国内起始于 20 世纪 80 年代。由于视角和理论背景的不同，不同学者在不同时期给出了不同的理论定义。

不同研究者由于其研究视角的差异，其给出的服务创新的定义不同，本书基于 2011 年本课题组完成的上海市科委"服务创新方法与规律研究"的定义，结合国外学者 Gadrey、Gallouj、Sundbo 等及国内学者鲁若愚、许庆瑞、蔺雷、吴贵生等的理论进行总结，给出本书对服务创新的定义：服务创新是指企业通过创造、引入或改进外源的新理念及科技手段，用以对原有的服务的流程或产品进行改进或革新，提高服务质量以及服务效率，降低生产成本和周期，以形成市场的竞争优势，同时最大限度实现顾客的让渡价值的过程。

（3）服务创新绩效

服务创新绩效的研究是以企业视角展开的，但考虑的往往只是企业的绩效。如：Cooper 和 Kleinschmidt（1987）提出，用财务绩效、机会窗、市场效应来评价绩效。Cooper 等（1994）提出用财务绩效、关系提升、市场开发。Griffin 和 Page（1993）扩展研究视角并提出用企业整体收益、项目收益、产品收益、财务收益、顾客收益。也有学者用过程视角，定义服务创新绩效，如 Storey 和 Kelly（2001）以创新度高低来区分服务企业并提出：低创新度公司通常采用财务指标，高创新度还要考虑服务开发活动。企业的存在意义是顾客，没有顾客企业也不复存在。结合服务导向理论和服务价值链理论，本书认为，服务创新绩效指：企业通过服务创新所取得的收益总和，包括市场绩效、顾客绩效、内部运营绩效。这三者存在耦合关系。

（4）顾客参与服务创新

顾客参与的理论研究始于20世纪70年代，初期的研究视角主要从企业角度出发，探讨顾客参与对企业的影响，如Fitzsimons（1985）。结合 Morris、Mills 和 Cermak 等（1994），Kelley 等（1992），Cermak 等（1994），Claycomb 等（2001），Hsieh 和 Yen（2005），彭艳君（2008），范秀成（2014）等学者的观点，本书对顾客参与服务创新的定义为：顾客通过实体投入、时间投入、智力投入、关系投入等形式，主动、被动或与企业互动，涉入服务创新过程中的部分或全部阶段，为企业提供各种服务开发、生产和传递过程中的资源和帮助，以实现服务创新绩效的目的。

（5）顾客知识与顾客知识转移

顾客在组织服务生产中所扮演的角色逐渐从被动变为主动，随着需求的多样化、个性化，服务提供方获取顾客的知识变得越来越迫切与重要。学者早期关注顾客知识对销售的正向影响，认为顾客在生产过程中的投入影响了服务产出的质量和对服务解决方案的满意程度，如 Bruns Don（1992）、Gordon 等（1993）。后续的研究注重对顾客知识属性的探讨，如对其来源、分类、层次等的解释性研究，代表学者有 Davenport 等（2001）、Jennifer（2002）、刘黎等（2010）。近年来的研究集中于如何科学有效驱动、管理顾客知识，如 Gibbert 等（2002）、王伟（2010）。

顾客知识只有真正为企业所用，才能体现其价值，所以顾客知识转移的研究成为研究的热点。在学者 Teece（1977）首先提出这个概念之后的几十年中，学者们从界定、分类、转移方式、转移过程、过程影响因素做了许多探索，如 Szulanski 等（1996）、Davenport 等（1998）、Wijk 等（2008）以及 BouLiusar

等（2006）。

本书结合日本学者 Nonaka（1995），Jennifer 等（2002）的研究，将知识转移的定义为：互联网商业组织获取、转化利用有关顾客的知识和顾客所拥有的显性和隐性知识的过程。

二、主要内容构成

本书聚焦顾客参与对互联网服务企业（组织）的服务创新绩效转化机制，围绕顾客参与方式和服务创新绩效产生及影响这一重要问题进行理论和案例分析，并以实际的案例进行实证及策略研究。具体分为以下三个研究层次：

第一，在界定顾客参与服务创新的概念和本质的基础上，剖析顾客参与驱动互联网组织服务创新这一过程。

第二，通过理论和实证研究，解析顾客参与影响互联网组织服务创新绩效的作用机制，帮助企业聚焦顾客知识管理。

第三，通过案例的研究，探索归纳激励顾客参与创新的策略和规律性认识，以便帮助企业有效进行服务创新。

具体内容如下——

第1章：主要包括研究背景和研究意义，目的和研究内容，研究思路和技术路线，并提出本书的创新点。

第2章：对涉及主要理论概念进行文献综述。对后续研究所涉及的概念进行梳理分析。综述国内外现有服务创新学术和理论发展轨迹，归纳顾客参与服务创新已有研究成果，进一步明确本书拟解决问题，厘清研究思路和研究内容，为探索顾客参与对服务创新绩效影响问题提供理论支持。

第3章：资本禀赋视角下的顾客参与创新的界定，以及顾客参与驱动服务创新三阶段过程。本章对顾客资本禀赋进行阐释，探讨其对顾客参与服务创新的全新解释与分类特征；继而探讨顾客参与互联网组织服务创新的内涵，并提出三阶段过程模型，且通过阿里巴巴的案例加以验证。

第 4 章：理论和机制构建。通过对开放创新、知识转移等多个理论的研究，结合顾客资本禀赋参与，提出顾客参与影响互联网组织服务创新绩效的假设，并构建本文的理论模型。

第 5 章：研究设计与研究方法的阐述。对实证研究的设计、问卷构建、问卷调整、小样本测试等过程和结果作了阐述。

第 6 章：数据收集和模型检验。在第 4 章所提出研究假设的基础上展开大样本调研活动，介绍数据收集的来源与过程；并进行描述性统计分析、数理检验和模型拟合，逐步验证本书所提出的理论模型和研究假设。

第 7 章：基于个案的行为研究及策略探讨。通过多个案例的研究对本书提出理论模型进行佐证，归纳总结策略性建议。特别阐述了对笔者在英国访学期间使用行动研究法实际参与的案例，进一步论证研究假设，并归纳总结具有实践意义的顾客参与管理策略和建议。

第 8 章：结论与展望。对全书进行总结，再次梳理理论和实践意义，点明研究中所存在的局限及不足，并提出下一步研究展望。

第三节　本书的创新之处

第一，以顾客需求和顾客知识的显隐形程度不同，从顾客资本禀赋的视角，提出顾客参与互联网组织服务创新的全新界定和分类。

对于服务创新的研究，顾客是重要的服务创新的外部来源，但现有研究视角多从企业角度出发，互联网时代到来后，顾客的角色发生根本的变化,顾客角色呈现多元化特征,顾客越来越多地参与到服务创新。而对于顾客参与,现有研究多探讨顾客参与服务传递过程,或是不同涉入程度等。因此,本书从顾客所拥有的资本禀赋角度,对顾客参与服务创新作出全新的界定,并以其参与程度不同,结合顾客需求理论,探讨顾客参与服务创新的分类,深化了对服务创新理论的认识。

第二,提出参与型服务创新及互联网服务创新三阶段过程模型,为服务创新的演进过程提出全新的解释。

在互联网组织特征下,本书根据上文对顾客参与服务创新内涵的界定,提出服务创新的演化过程:核心服务及其服务平台的优化创新开发→衍生型服务及其平台的构建转化→核心和衍生型服务平台的融合集成。对顾客的资本参与同组织的服务创新间的必然性和发展过程作了全新的解释,并通过阿里巴巴的案例加以验证。

第三,拓展创新绩效的构成,并结合顾客的知识转移等理论,探讨顾客参与对服务创新绩效影响机制,为此类研究提供全新的理论解释。

对于服务创新的绩效现有研究大多集中在组织财务层面,或是构成维度较为单一,本书考虑:在互联网时代的背景下,服务生产过程各方联系加强、成为紧密的利益相关者,服务创新绩效需要有所拓展,综合反映除市场绩效外包括顾客和组织运营等在内的维度。同时结合资源基础,将用户创新理论和知识转移理论与服务创新理论进行全新的整合,探讨顾客参与对服务创新绩效影响机制,为服务创新研究提供全新的理论解释,为参与型服务创新趋势提供理论依据。

第四,引入全新的互联网特征的构念,对顾客参与对服务创新绩效影响作了实证性研究,为顾客参与创新的有效性提出全新的具说服力的阐释。

现有研究对于顾客参与服务创新的有效性是存在争议的，本书结合互联网时代下传播特征，通过典型案例，提出互联网思维导向和领先顾客导向，结合本书的理论模型，进行实证量化分析，并为顾客参与影响互联网组织服务创新绩效提升提出有说服力的证据。

第五，运用行动研究方法对所提出的理论框架进行佐证分析，进而提出企业在顾客参与服务创新管理方面的策略性建议。

本书结合教育心理学中的行动研究，真实地参与到英国的相关案例中，应用本书的理论模型，并通过对应用前后作比较分析，提出实践应用中在顾客参与服务创新管理方面的策略性建议。

第二章　服务创新的当下理论探讨

第一节　服务创新

服务创新仍然是国内外的研究热点，本部分主要对服务创新的研究脉络、界定、分类、驱动因素及顾客对创新绩效的影响等作理论回顾与梳理，以作为后续的研究基础。

一、服务创新研究历程及其视角演化

首先本书通过梳理理论研究轨迹，力图把握服务创新主要研究方向。在 Web of science 数据库中，搜索出 3968 篇有关"服务创新"的文献（截至 2013 年 10 月），并选择被引次数最多的前30 篇（LCS），导入 Histcite 软件，得到下图：

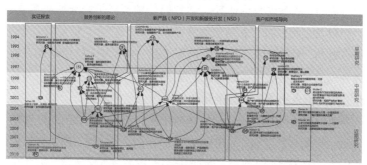

图 2-1　服务创新研究 LCS 排名前 30 的文献内容及关系

观察上图文献内容，我们能够理出服务创新研究规律轨迹。从纵向上看，大致可以分为三个时间阶段；从横向上观察，大致可区分出四种不同类型的研究。

表 2-1　服务创新在各个主要发展时期的研究内容

时间段	主要研究内容
早期研究（1994—1997 年）	服务创新概念的提出、对技术创新的作用、定义、分类、影响因素。
中期研究（1998—2002 年）	服务创新与技术创新的联系与异同。 对决定影响因素（技术、客户、知识）的探索。 服务创新标准化。
近期研究（2004 年至今）	通用理论、综合开发路径、服务创新的测评、开发中的决定因素的研究（客户、价值整合）。

而根据其研究类型，基本可分为：

第一，从外部创新知识来源研究。如聚焦于顾客，从顾客的角度对服务创新进行探索，包括对顾客需求的获取、与顾客互动以及基于顾客的服务发展模式等。

第二，从新产品开发（NPD）及新服务开发（NSD）方面来研究。即主要集中在新产品和新服务的开发，探究如何协调内外部的关系，更多地关注两者的发展过程以及绩效问题。

第三，从理论角度研究。学者们分别探讨了服务创新概念、类型以及创新的过程和绩效管理等。

第四，实证探索。从实际调查出发，或者基于前面研究者的调查结果，在微观或中观层面，即组织及个体层面进行分析和总结，从而得出相关研究结论和结果。

通过对服务创新的研究路径的梳理，法国学者 Gallouj，清华大学学者蔺雷和吴贵生分别概括出同样的三条路径，即研究导向分别是技术以及服务，还有两者兼而有之的整合的路径。对于该领域的分类研究,学者们一般认同 Barras 及其所创立的逆向产品生命周期模型开启了服务创新研究。Barras 利用产品以及过程创新来描述服务领域的产品的不同的生命阶段,这种视角正是借用了技术创新研究架构。经过回顾各个学者对于服务创新的分类,我们试图探寻理论视角的轨迹。

表 2-2 国外服务创新分类表

学　者	分　　　类	视角
Barras（1986）	渐进的过程创新、剧烈的过程创新和产品创新。	技术
Gadrey, Gallouj（1995）[13]	专业服务业（咨询业）:专业创新、专家行业创新、形式化创新。 保险和金融服务业:产品/服务创新、架构创新、改进型创新、包括方法和管理的过程与组织创新。 电子信息服务业:创造新的产品或服务,改进产品或服务,过程创新。	服务
Miles（1995）	根据服务创新的特性提出的分类:产品创新、过程创新和传递创新。	整合
Gallouj, Weinstein（1997）[14]	突破式创新,渐进式创新,改进式创新,组合式创新,专门化创新和特定情景创新。	整合
Sundbo, Gallouj（1998）[15]	六种模型的创新:工艺创新、制造创新（研发与技术主导型）、创业式的创新、专业服务的创新、管理的创新或组织战略的创新、网络式创新。	整合
Den Hertog, Bilderbeek（1998）	服务创新模式的4维度模型:新服务的概念、新的顾客界面、新的传递系统和新技术选择。	开放/系统
Van der Aa（2000）	4种创新模式,即链条式创新、组合创新、客户创新和技术创新。	开放/系统
Avlonitis（2001）	市场中的新服务,企业中的新服务,新的传递过程,服务线扩展,服务改进,服务重新定位。	开放/系统
Van der Aa, Elfring（2002）[16]	多单位组织的创新,新服务组合,顾客作为创新参与者的创新,技术创新。	开放/系统

（续表）

学　者	分　　类	视角
Sundbo（2003）	产品创新，过程创新，组织创新和市场创新。	开放/系统
Drejer（2004）	外部关系创新和专业领域创新，整合创新和特定情景创新。	开放/系统
Djellal，Gallouj（2005）	开放式创新，回溯式创新，集中创新和组合创新。	开放/系统
DeVries（2006）	突破式创新，渐进创新，复合创新和特定情景创新。	开放/系统
Sundbo et al.（2007）	产品创新，过程创新，市场创新，组织创新，技术创新和服务扩展创新。	开放/系统

资料来源：作者整理。

随着制造产业和服务产业融合的趋势，从上表中，可以看出该理论研究趋势是：沿着技术—服务—整合—开放/系统的路径，即在服务创新的研究中不按技术或服务视角，而采用一种技术与服务综合的角度，并且将创新过程作为系统的概念来研究，将外部的创新来源也纳入研究视角。而分类的标准按照服务过程、参与主体、类型特征、影响因素等。而综合的视角消解了传统的行业分类的直接阻碍，将目标共同聚焦于创造、提升所有利益相关者的价值。

国内学者对服务创新的分类仍没有脱离国外学者的影响，其主要依据国外目前服务创新综合视角分类研究成果并加以整合深化，并且还有套用技术创新的痕迹。

本书基于相当数量调研的基础上，于2011年提出"企业服务创新五级分类法"。这种分类方法，最大的特点是逻辑鲜明，区分容易，便于企业运用。这一方法获得了一些企业的认可，但还需进一步深化完善。

表 2-3 我国服务创新分类研究表

学 者	分 类 观 点	视角
戴延寿（2003）	从服务运作过程划分：企业的服务创新包括设计创新、作业创新、营销创新等类型； 从服务系统划分：企业的服务创新主要包括组织结构创新、传递方式创新、流程创新等类型； 从服务管理职能划分：企业的服务创新包括核心服务创新、附加服务创新等类型； 从创新对象划分：企业的服务创新包括支持设施创新、人员技能创新等类型。	服务过程 系统构成 管理职能 创新对象
张宇，蔺雷，吴贵生（2005）	产品创新、过程创新、组织创新、市场创新、技术创新、传递创新、重组创新、形式化创新和专门化创新。	开发过程 系统构成 服务对象
张秋莉，盛亚（2005）	突破性服务创新（创造新的核心服务）和衍生性服务创新。	系统构成
王琳，魏江等（2009）[17]	概念创新和传递创新。	开发过程
黄锐，郝磊（2012）	产品/过程创新、市场创新、组织创新、传递创新、重组创新、特色创新。	开发过程 系统构成

资料来源：作者整理。

表 2-4 企业服务创新过程等级分类标准表

创新等级	三维标准			辅助标准		
	技术依赖	新颖程度	资源支持	创新风险	创新形式	创新产品消费条件
一级创新	弱	低	极易获得	风险很小	对原产品改进	免费
二级创新	较弱	较低	相对容易	少许风险	模仿引进	免费或少量支付
三级创新	稍强	稍高	需要一定资源	风险高	自主创新	需支付一定费用
四级创新	强	高	需较多内外资源投入	风险偏高	自主或协作创新	需要支付费用
五级创新	最强	最高	需较多内外资源投入且关键资源依靠外部	风险很高	自主或协作创新	需支付较多费用

　　总结上文，我们能够看出，如同服务创新的定义一样，不同学者采用不同的分类标准，而弱化服务业和制造业这样的传统分类，寻找一种综合的视角来实现各自的研究路径是众多学者较为一致的选择。此外，服务开发过程和服务系统构成也渐成研究的热点。

　　随着服务创新的等级、投入与风险成为组织需要重要的考量因素，而来源于组织外部的服务创新知识的重要性越来越明显，考虑各方社会资源，进而对外源服务创新知识的类型进行甄别、分类、概括，研究其在组织中被吸收、传播的规律，显得十分必要。

二、服务创新的概念及特征

　　服务的重要性已经不言而喻。关于服务及其创新的研究，近年来也越来越受到海内外研究者的青睐。服务创新理论始于熊彼特对制造业创新的研究。相比我国，西方研究较早，发端于20世纪80年代。研究者在不同阶段，基于各自不同的视角和理论背景，提出了不同的理论定义。

表 2-5　近年来国外服务创新定义总结表

研究者	定　　义
Gadrey, Gallouj & Weinstein （1997）	为特定客户提供一种全新的方式来解决问题，是人力资源、技术、组织、能力的整合。
Aa, W Vander & Elfring T.（2002）	服务创新主要是指新的理念、新的目标和战略、新的创新实践方式和方法、新的服务创新形式和模式，以及跨部门和跨学科的创新融合。
Tidd & Hull （2003）	服务创新是指服务的提供者通过创新理念的变化、创新方式的革新，或者提供给消费者更多更好的解决问题的方法，或者是为其提供较高的附加价值和增值价值，给其提供超越期望的体验和感受。
Sundbo J.（2008）	服务创新就是为消费者提供更新的思想和技术，通过提供者对服务理念、流程等的改造和革新，不断提升服务产品的创新内涵，不断提高其蕴含的价值，为消费者带来更高的收益。

（续表）

研究者	定　　义
Blazevic & Lievens（2008）	界定服务创新旨在提高服务质量和消费者让渡价值，通过服务要素的重新组合，或者是动态的变革过程，有效提出并运用解决方案给特定的顾客。
Rubalcaba L. & Michel S. & Sundbo J.（2012）	服务创新在三个维度发生互动，即行业维度、部门维度、行动维度；是一个自上而下和自下而上的管理战略，强调管理者引导，员工和顾客的沟通，聚焦客户，也要关注员工；最终是一个实现价值共创的过程。

数据来源：作者整理。

我国学者基于不同视角也对服务创新展开了许多有益的研究，其中较有影响的学者包括：鲁若愚、许庆瑞、柳御林、蔺雷、吴贵生等。

表 2-6　近年来国内服务创新定义总结表

研究者	定　　义
鲁若愚（2000）	从狭义上讲，服务创新是指服务型组织为获得更大的商业和社会利益，向目标顾客提供更高效、更周到、更准确、更满意的服务包。从广义上讲，服务创新是指各类组织（或部门）不断为用户提供无形的服务、有形的产品或二者的结合物，以便创造更大的价值和效用，增强顾客满意度和忠诚度。
许庆瑞、吕飞（2003）[18]	服务创新主要是指在服务过程中应用新思想和新技术来改善和变革现有的服务流程和产品，提高现有的服务质量和效率，扩大服务范围，为顾客创造新的价值，最终形成企业的竞争优势，并且总结出服务创新取胜的关键在于服务质量。服务创新就是改善服务流程、提高服务质量、扩大服务范围、更新服务内容、增加服务项目，旨在为顾客创造价值。
蔺雷、吴贵生（2007）[19]	广义的服务创新是指一切与服务相关的创新行为和活动；狭义的服务创新是指服务业行业内发生的创新行为和活动。同时，从无形性、新颖度、多样性、顾客导向、适用范围五个方面对服务创新概念进行深入界定。

数据来源：作者整理。

东华大学的徐明教授认为新的服务具有广义性，一切可以为人的一生各种需要提供的新服务，一切为各种工作提供帮助的新服务，都属于新的服务，也都是创新。

目前就服务创新的界定，由于其研究视角的差异，不同研究者给出的定义也不同，本书提出对服务创新的界定：

服务创新是指企业通过创造、引入或改进外源的新理念及科技手段，用以对原有的服务的流程或产品进行改进或革新，提高服务质量以及服务效率，降低生产成本和周期，以形成市场的竞争优势，同时最大限度地实现顾客的让渡价值的过程。

服务创新有如下特点：

这种创新，不管是企业创造、从外部引入或是改进的，但对于该企业（组织）而言，都是前所未有的。

服务创新的方式是通过对原有服务产品或服务流程（部分或整体）进行改进。

目的是提升现有服务的质量和服务的效率，并最大限度地降低运营成本，获得包括市场竞争优势在内的一系列内外部绩效。

服务创新的绩效需要考虑顾客的总价值更高，而总成本更低，为消费者创造更好的体验、更高的满意度和增加其忠诚度的互惠过程。

三、服务创新的驱动因素相关研究

通过对国内外有关文献的梳理，本书将服务创新的影响因素分为内部影响因素和外部影响因素两类：内部因素包括创新环境、组织中的员工与部门、管理者的创新意识和能力及组织的创新吸收能力；政治、管理理念、法律规范、政府机构、技术水平、供应商、竞争对手等属于外部因素。另外，大部分观点认为，对于服务创新的仿制较为容易，对竞争对手的学习和模仿成为主要的创新途径。高顺成（2013）也提出消费者是创新的核心源，员工是信息主力源，管理者是管理驱动源，竞争对手是压力源，第三方是外部智力源。另外，ICT 技术是推升创新等级的关键力量。不同的组织内外部驱动因素作用不同，如政府在服务业的作用不如制造业，其主要影响在于研发、教育和管制。

表 2-7　服务创新内外部影响因素总结

作　者	内部要素	外部要素
Sundbo J., Gallouj F.(1998)[15]	战略管理、创新部门。	顾客、竞争者、供应商、公共部门。
Bilderbeek、Hertog、Marklund、Miles(1998)[20]	人力资源管理、商业智力。	市场。
Sternberg & Arndt (2001)[21]	企业创新行为。	环境、技术和政策、区域因素。
Greenhalgh T., Robert G., Macfarlane F et al.(2004)[22]	创新吸收能力、变革接受环境、创新投入的时间和资源、评价创新的能力。	创新知识的特性、创新中介部门、政策环境、意见领袖。
柳御林(2005)[23]	内部管理、员工。	顾客、竞争者、供应商、公共部门、法规政策。
孙冰(2007)[24]	企业利益、企业家精神、企业文化、企业内部激励机制、企业创新能力。	市场需求、市场竞争、科学技术和政府支持。
Damanpour & Schneider(2009)[25]	管理者特征。	技术、行业。
Orfila-Sintes & Mattsson(2009)[26]	服务提供者的能力和技术特征。	顾客的能力特征、由市场需求驱动的服务产出特征。
赵志强，杨建飞(2011)[27]	企业主体意识、创新能力、技术积累、内部激励、利益追逐。	科技推动、需求拉引、竞争压力、政策导向、社会扶持。
陈劲，蒋子军，陈钰芬(2011)[28]	创新知识吸收能力、组织管理能力。	知识环境、企业社会资本。
高顺成(2013)[29]	员工。	消费者、竞争对手、技术。
张芮(2013)[30]	创新氛围、采纳和吸收能力。	政策环境、竞争与合作环境。

数据来源：作者整理。

综上所述，组织的服务创新主要受到内因和外因的双重影响，包括内部创新环境、创新管理、创新能力以及外部的政策、技术条件、市场现状。管理者、员工和顾客三方都是创新的主体。而互联网占据主要地位的服务经济时代，顾客作为组织外部知识的主要源泉，是成功转化外部资源并成为组织服务创新取得良好绩效的关键。

四、服务创新绩效及其测量

由于服务创新过程十分复杂和多样，学界至今未能对服务创新绩效形成一致认可的测量体系。研究者也有着彼此不尽相同的指标体系来测量。

在当今全球化经济背景下，市场情况变化加剧，这使得组织需要不断提高创新能力，组织才能获得持续的绩效，在高强度的竞争环境中，组织需要快速对市场需求作出反应，确立竞争优势，这是对顾客需求变化的适应性的结果。[31][32]Slater & Narver（1999）认为服务创新是一项价值创造的活动，能够驱动企业市场定位和绩效。[33]孙颖（2009）认为财务、企业成长、顾客等内部的四个维度构成创新绩效四指标模型。[34]Evangelista（2006）指出服务创新绩效会受到人力资源战略、管理和团队工作的影响，测度就不止一个方面。[35]因而可以从创新的相同方面进行考虑，又需要区分其特殊的属性，所以如顾客层面的满意度、服务的质量等维度就应该考虑进来。多维度指标才能较好体现服务创新绩效。

表 2-8　服务创新绩效主要研究者及界定总结

作　者	指　标
Cooper & Kleinschmidt（1987）[36]	财务绩效、机会窗口与市场影响。
Griffin & Page（1993）	企业整体收益、项目收益、产品收益、财务收益、顾客收益。

（续表）

作　者	指　标
Osborne & Kaposvari（1998）[37]	新的服务内容、新的顾客关系。
Avlonitis et al.（2001）[38]	财务绩效、非财务绩效。
Matearetal.（2002）	员工服务创新行为、新服务开发。
Mansuiy & Love（2008）[39]	有无进行服务创新；服务销售收入与服务创新的程度比例。
Chen, Tsou & Huang（2009）[40]	新服务渠道、新服务方法、新互动方式、新服务平台。
Hu et al.（2009）	员工服务创新行为（ESIB）和新服务开发（NSD）。
辛枫冬（2011）[41]	财务、市场、服务质量、顾客。
王琳（2012）[42]	顾客质量满意、顾客效率满意、供需方合作满意。
王广发（2012）[43]	从财务绩效、市场绩效、内部绩效三个维度。
Thakur & Hale（2013）[44]	从财务绩效和非财务绩效两个维度。

资料来源：作者整理。

表 2-9　服务创新绩效分类汇总

类　别	细　目
短期绩效	产品用户数量的变动 产品销售额的变动 新市场开拓 新需求挖掘
长期绩效	企业整体竞争能力的提升 商业价值的提高 市企业的股价攀升 整体企业形象的改善 企业劳动生产率的提高 产品的客户满意和客户忠诚度的提升
间接绩效	技术知识的丰富 员工满意度的提升 创新机会的出现

资料来源：Herbjorn Nysveen, Per E. Pedersen（2004）.[46]

Storey 和 Kelly（2001）对创新表现不同的企业，进行了业绩评估指标的分析。他们发现创新度的高低与其绩效评判标准也有差别。其研究表明，创新度较低的公司则通常只采用财务指标来衡量其服务开发活动。[45]

Herbjorn Nysveen，Per E. Pedersen（2004）考虑了组织的创新战略的差异，分别按服务创新的长期、间接以及短期绩效分类。

综上所述，在考虑服务创新绩效时需要从企业内部如运营绩效，也要从企业外部如顾客和市场绩效进行多维度考虑，还要兼顾长期、短期和间接绩效的体现。

五、简要评述

经过三十几年的发展，服务创新的课题仍然是学者们研究的热点，这是由时代特征决定的，从研究历史上看，主要经过服务创新界定、类别区分的探索到影响因素再到服务创新的测评的轨迹。由于来源于熊彼得的技术创新理论，所以从研究方法上经历了从直接沿用技术创新，到服务创新的视角，再到技术与服务创新整合、开放的视角。国外的学者及研究团队不断对服务创新提出全新的研究成果，我国研究者和团体在此基础上结合国内情况也取得不少研究进展。

对于驱动服务创新的研究，许多学者将顾客作为重要的外部创新源，成功转化外部的创新知识方式方法，成为增加服务企业竞争砝码和服务创新绩效的重点。对于创新绩效的探讨，研究者们处在不同角度，给出了不尽相同的解释，虽然对众多的服务行业而言，对于绩效的标准会有一定的差异，但大家的共识是：服务创新绩效应该是一个多维度构成的变量，并需要考虑多方面结果和影响，如从企业层面考虑竞争优势、从客户角度考虑顾客满意、从服务产品层面考虑服务质量和效率、从员工层面考虑工作效率与满意度等。

第二节　顾客参与创新

随着服务经济的崛起，特别是网络时代的到来，企业开始清晰地认识到顾客参与到服务创新过程中的重要性，学者们将其作为重要的内容来研究，并取得了丰富的理论成果。

一、顾客参与服务创新界定

服务不具备有形特征，存在异质性、生产消费同时性、不易储存等特征，这使得的顾客在整个创新过程中的导向作用更强[47]，相比于有形产品服务，顾客的参与和投入在服务创新过程中更为重要。

顾客参与创新的研究发轫于顾客参与，而对于此类问题进行研究的视角较为零散，也并不成体系。Anderson 和 Crocca（1993）从技术创新的视角出发，提出顾客参与是，技术供应方和使用方一同开发需要的技术并使用在新服务开发中。[48]Muller 等（1993），认为顾客参与是在服务方案执行阶段开始的，顾客就加入其中，提供自己的能力和智慧。[49]Neale 和Corkindale（1998）从学习的视角将其定义为：顾客与组织间互相学习、提供彼此的思想、一同参与到新服务的开发过程中。[50]Alam（2002）将其定义为：包含参与的动机、程度、阶段和方式的完整的组织与顾客进行联合服务开发的过程。

国内研究基本是对国外学者的定义的总结与发展，即认为顾客参与是一个与企业共同开发的互惠过程，其间贡献出自己的知识、能力，并不断与企业进行交流。这些学者包括张红琪和卢若愚（2010）[51]，张玉征（2011）[52]，黄筠珊（2008）。[53]

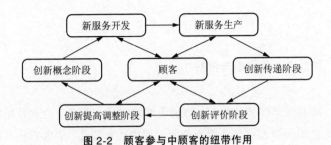

图 2-2 顾客参与中顾客的纽带作用

资料来源：张红琪，鲁若愚（2010）。

　　对于各研究者的观点进一步整理后发现，从顾客参与角色来看可以分为主动参与、被动参与、互动（协同）参与。近年来，学者们渐趋一致的观点是顾客参与是被动引导和主动参与的结合，强调顾客参与是一种企业与顾客的互动过程。

表 2-10 "顾客参与创新"主要观点总结

视角	研究者	主　要　观　点
主动	Silpakit & Fisk（1985）	顾客在服务产品传递过程中的精神、情感及体力等投入的行为或活动。
	Cermak, et al（1994）	顾客涉人服务提供过程并传递有关行为的具体信息。
	Groth（2005）[54]	为了完成服务的传递，顾客需要完成的活动。这个过程对双方都有利：对企业来说减少成本并且是有效率的；对顾客这方可得到更好的服务体验。
	Schultze & Bhappu（2007）[55]	顾客通过创造一个服务的情境，参与设计、传递与企业产品和服务的营销来直接参与价值创造，在这一过程中顾客自我消耗。
被动	Alam & Perry（2002）[56]	顾客参与主要是指企业根据创新战略的具体要求，采用恰当的参与形式引导顾客参与到新服务的开发过程中，进而使顾客在新服务开发过程中发挥出更大作用。
	周冬梅和鲁若愚（2009）	顾客参与是指企业在合适阶段将顾客引导进服务创新活动，以此发挥顾客在这一活动过程更为积极的导向作用。

（续表）

视角	研究者	主　要　观　点
互动协作	Anderson & Crocca（1993）	技术提供者（企业）和技术使用者（顾客）共同发掘有用技术，以在特定新服务开发中运用这些技术的活动。
	Neale & Corkindale（1998）	顾客参与意指企业和顾客相互学习、贡献各自想法、共同参与到服务开发流程的专案之中。
	Alam（2002）	顾客参与是一个包括参与动机、参与程度、参与阶段及参与方式等在内的完整的与顾客进行联合服务开发的过程。
	Alam（2006）	顾客参与是指服务企业与目前或潜在顾客共同参与服务创新专案的行动、过程和互动，以对顾客最新需求进行预期并开发出新产品。
	黄筠珊（2008）	顾客参与是指企业和顾客共同参与新服务流程的开发专案之中，通过共享彼此所掌握信息的过程，顾客期望企业能够向市场提供更好的服务，以满足顾客更具个性化的需求。
	卢俊义和王永贵（2011）[57]	顾客参与服务创新主要是指企业立足于顾客资源，在新服务开发的相应阶段与顾客进行互动，以实现开发出新服务的终极目标。
	张玉征（2011）	顾客参与是指顾客参与新服务的开发过程，通过与企业的沟通和交流，顾客贡献出知识、信息、智慧等，最终和企业共同开发出能满足顾客真实需要的新的服务产品。
	李储（2014）[58]	顾客参与是顾客通过一定方式，参与服务创新整个或部分环节的一系列企业与顾客互动的行为。其中互动双方紧密合作，传递着大量的知识。

资料来源：作者整理。

比较以上不同视角，能够归纳出顾客参与服务创新的以下几个特征：

顾客的参与是一个过程涉入的行为。顾客参与服务创新的行为是一个层级递进过程，即涉入创新可以是任何阶段，也可以是一段或一时行为。如：在线旅游产品挑选过程中买家对兴趣路线的浏览与关注，会成为卖家调整产品组合的参考；也可以是顾客在经历服务后对旅游过程进行经验性评价；或是从企业开发旅游路线到营销、售后等一系列过程交流互动，实时参与创新。企业对顾客的知识的获取成为核心要务。

参与的行为方式不同。顾客参与可能主动，也可能被动地为企业所引导产生，还可能企业与顾客互动。过程中的所处阶段不同，相对应的参与方式也有差异，多种方式可以同时在同一个阶段发生；消费者与组织、消费者之间的关系成为顾客参与的基础。

顾客参与创新是组织与服务对象双方共同创造价值的互惠过程。传统制造业的领域，并未将顾客价值创造主体，通常是按照预先设定的目标客户需求进行产品的开发与创新。而在服务领域，由于服务的特性，需要将顾客视为开发合作者，共同创新者，企业利用顾客的资源及智慧共同创造价值，实现创新绩效。顾客利益分享机制的建立，成为驱动双方价值创造的根本动力。

二、顾客参与创新的研究维度

顾客参与的维度与构成，根据研究角度的不同，主要可由参与过程行为、程度与关系维度，以及顾客参与创新的管理这几个方面展开。

从顾客参与创新的行为特征入手，这类研究主要是以顾客为满足自身需求，而在服务传递过程的投入为主，如看病时向医生提供个人症状描述；购房时向销售员提供需求信息；自助餐厅中自取食物等。代表人物有 Silpakit 和 Fisk（1985）[59]，Kellogg 等（1997）[60]，Ennew 和 Binks（1999）[61]，彭艳君（2008，2010）。[62][63] 也有学者从参与创新的程度与关系寻找研究视角，如 Chua 和

Sweeney（2003）提出顾客创新参与程度的概念,将顾客参与程度分三个角度层层递进,顾客的角色的关键作用逐级提升。[64]Gruner 和 Homburg（2008）认为企业与消费者分别在思维产生、构念开发、产品拟定、实施、模型检测、市场拓展六层面互动。[65]Lagrosen（2005）经过研究认为顾客参与活动有三个水平:交易关系、变量关系、整合关系,参与水平随不同情境而不同[66]（见 表 2-11）。Fang 等（2008）,Sanden（2007）,卢俊义和王永贵（2011）,魏江（2012）[67]等人通过实证也有类似的观点。

表 2-11　不同关系水平上的顾客参与

关系水平	纵向顾客参与	横向顾客参与	方　　法
交易关系	早期阶段	为顾客设计	调查、焦点小组、观察,质量功能展开、专家咨询、联合分析、标准检测、外部测试,小组顾客访谈:顾客与供应商代表的整合产品开发小组。
变量关系	早期和检测阶段	与顾客设计	
整合关系	所有阶段	由顾客设计	

资料来源: Lagrosen S.（2005）.

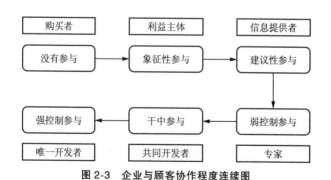

图 2-3　企业与顾客协作程度连续图

资料来源: Sanden（2007）.

表 2-12　顾客参与创新研究维度总结

视角	研究者	研究维度
顾客行为	Silpakit & Fisk（1985）	精神投入、体力投入和情感投入。
	Kellogg et al（1997）	事前准备、建立关系、信息交换、干涉。
	Ennew & Binks（1999）	信息共享、责任行为、人际互动。
	彭艳君（2008，2010）	事前准备、信息共享、责任行为、人际互动。
参与程度与关系	Van der Horst（2008）[68]	交易关系、变量关系、整合关系。
	Fang et al（2008）[69]	顾客参与创新的深度和广度。
	Sanden（2007）[70]	没有参与、象征性参与、建议式参与、弱控制参与、干中参与、强控制参与。
	He（2004）[71]	相互关系、责任行为、亲自动手、沟通活动。
	宋波（2011）[72]	顾客特征：认知能力和行为意向，组织特征包含顾客接触和组织投入。

资料来源：作者整理。

　　有部分学者对顾客参与创新能带来绩效持怀疑态度，例如，Pilar Carbonell 等（2009）认为顾客的参与对创新绩效没有直接关系[73]；Magnusson（2003）认为顾客的创意过于理想化，缺乏产业化的可能；Reichwald 和 Schaller（2003）认为顾客参与创新过程会导致创新更容易泄密，而无法产生先发优势，动员、执行和控制顾客参与也会增加更多的交易成本。[74]但是，学界普遍认可顾客参与的重要作用。例如，Desouza 等（2008）提出聚焦顾客、以顾客为中心和顾客驱动的这几类，但是外部的如领域和市场的成熟水平、市场的集散程度、技术的难易水平，还有顾客当时的满意度都会对参与的程度以及类型有所影响。[75]Christina Oberg（2010）认为顾客在不同的服务创新阶段角色有所变化，有

信息提供者、共同开发者、启发者等不同角色介入。[76]Gustafsson
等（1999）研究了顾客如何更好帮助航空公司（SAS）进行服务改
进，航空公司并非让顾客接受已有的服务流程，而是通过让消费
者表达期望和观察消费者来进行服务创新。

顾客参与创新的管理被视为核心问题，而目前的研究主要集
中在如何管理"领先顾客"这一群体，Von Hippel（1986）提出了
"领先用户"概念，认为这些顾客在未来几个月或几年中代表市
场普遍需求的用户。Lilien 等（2002）认为将领先顾客引入服务
创新过程包括四个步骤：识别重要市场和技术走向，接着根据用
户的经验以及自身的需求来确定这一市场和趋势，分析这部分顾
客的量化指标，并在普通的市场中将取得的这些数据信息进行应
用。[77]Von Hippel 和 Katz（2002）提出了企业为使顾客能够得
到自己想要的特性，同时减少相关信息的识别成本，就需要为顾
客提供创新的工具。

Bowen（1986）将顾客视为企业人力资源，认为对待参与服务
创新的顾客应采用与一线员工类似的管理策略。[78]对于顾客服务
创新参与关键因素，Kristensson 等（2008）认为，顾客参与能够促
进对他们隐性需求的识别；为顾客提供分析工具；使顾客能在参与
中获益，以形成激励；搜集构思；降低技术知识，以便顾客提出创
新的构思；异质性的顾客参与可保证创新构思具有多样特征。[79]

三、顾客参与对服务创新绩效的影响

服务创新本身具有多维属性，本书从市场、顾客和运营绩效
进一步梳理现有研究。

（1）外部的市场绩效

Gales 和 Mansour-Cole（1995）认为，顾客参与会对新服务
产品的营销和市场绩效有正向影响。[80]同客户维持良好的互动
关系，能取得持续的经济收入增长，协助组织提升销售额和营业

利润,即得到良好的财务绩效。[81]Leeuwen 和 Klomp(2006)提出要使营收增加,有更为出色的财务表现,顾客参与是重要的影响因素。Blazevic 和 Lievens(2004)认为创新主体间的相互关系和市场的接纳水平,可以通过顾客参与提升,并实现市场绩效。

大量研究认为:客户参考,能够为企业提供更为清晰和系统的客户需求期望,以降低创新进程的不确定性,有利于提升市场的竞争优势,促进新产品竞争力等组织价值明显提升,如 Dahlsten(2004)[82],Muller 和 Zenker(2001)[83],Bettencourt 等(2002)[84],张玉征(2011),王琳(2011)。Athanassopoulou 和 Johne(2004)对英国 9 家银行调研后发现:企业如果谙熟于与客户沟通的技巧,特别是与领先顾客(Lead customers)的交互,决定了服务创新的成功与否。[85]Blazevic 和 Lievens(2004)认为时间、精力、智力、情感是客户在参与过程中的投入,有助于新服务的成功推向市场,也使自身的价值得以实现。并且,组织与顾客的信任关系也得以构建和加强,提高客户的忠诚度是组织和客户保持长期的、持续的伙伴关系,提供新业务的成功发展,提升的可能性的保证。王琳和魏江(2009)在研究 KIBS 组织中顾客互动与创新阶段的影响后认为:顾客的新服务开发绩效在创意阶段和跟踪评估阶段,随顾客互动程度提高而增加,而到了设计开发阶段,企业的服务开发绩效并不能依靠顾客的互动了,甚至是反向的。[86]客户互动在创意、评估跟踪阶段对服务创新有推动,但在设计开发阶段就会产生不利的影响。

（2）对顾客的绩效

顾客参与服务创新同样也存在顾客方面的绩效,主要包括顾客满意、顾客的品牌认可度、顾客忠诚、顾客再次购买等内容。望海军和汪涛(2008)认为顾客参与会对顾客满意有正向影响,参与的程度在这也起过程调节作用。华迎（2012）通过对网络顾客参与的研究发现，参与是顾客忠诚度维系和提高的关键因素。刘文超（2011）通过实证研究，顾客参与共同服务创造对顾客的服务体验有正向影响。徐健和刘子龙（2011）通过建立模型并实证得出：网上顾客参与会提高在线黏度和再次购买的意愿。

（3）内容运营绩效的影响

Li 和 Calantone（1998）认为顾客参与提供了组织破解难题的线索，有价值的思维可推进新产品的开发速度。[87]Ashwin 和 Sharma（2004）认为吸纳客户以形成跨领域的研发组织，能够提升沟通交流，组成完整的顾客知识体系，有利于创造出新服务。[88]Alam 和 Perry（2002）认为顾客参与服务创新能提升服务新颖性。黄筠珊（2008）认为顾客能够为服务创新提供建议，帮助研发活动，提升服务新颖度。有类似观点的学者包括：Matthing 等（2004），Gnmer 和 Homburg（2000），Blazevic 和 Lievens（2004）[89]，Christopher（2007）。[90]Kristensson 等（2008）发现服务行业中顾客有时比专业人员更具创造力和想象力。[91]许多学者也证实客户可以在服务价值链的各个节点参与创新，并且提升创新成功率和质量，加快面试速度，减少开发成本，如王永贵（2011）[92]，Reichwald 等（2004），Alam（2002），Leeuwen 和 Klomp（2006），黄筠珊（2008），Gupta 和 Souder（1998），Karagozoglu 和 Brown（1993）[93]，William 和 Luo（2008）[94]，Hsieh 和 Chen（2005）[95]，Nanda（2004）[96]，Blazevic 和 Lievens（2004），Carbonell 等（2009）。Gadrey 和 Gallouj（1998）[97]对资源服务业进行调查，将顾客界面界定为客户与服务提供方进行信息及知识交换之平台，认为该界面是外部创新的来源，因此引导客户参与创新，与客户面对面交互，能减少误读市场信息的风险和提升顾客参与的绩效。[98]

表 2-13　顾客参与创新绩效总结

视角	绩效内容	代表人物
运营绩效	新服务的新颖性	Alam & Perry（2002） 黄筠珊（2008） Gnmer & Homburg（2000）
	新服务面市速度	陈璟菁（2012） Alam（2002） Leeuwen & Klomp（2006） Gupta & Souder（1998） Karagozoglu & Brown（1993） William & Luo（2008） Hsieh & Chen（2005） Nanda（2004）
	过程不确定性和模糊性	Blazevic & Lievens（2004）
	创新能力	Reichwald et al（2004）
	创新成功率	Karagozoglu（1993）
	创新成本	Nanda（2004） Sanden（2007）
	创新质量	张玉征（2011）
市场绩效	市场销售与市场机会	Gales & Mansour-Cole（1995） Blazevic & Lievens（2004）
	财务绩效	Park & Luo（2001） Garcia-Mnrillo（2002） Leeuwen & Klomp（2006）
	竞争能力	Bettencourt et al（2002）
顾客效果	顾客满意	望海军，汪涛（2007）[99] Youngdahl W E, et al（2003）[100]
	顾客忠诚	华迎等（2013）[101] Fan jun（2011）[102]
	顾客体验	刘文超（2011）[103]
	顾客重购	徐健，刘子龙（2011）[104]

资料来源：作者整理。

综上所述，对于顾客参与创新的界定需要能够体现顾客参与的行为特征、参与程度等内涵，并与参与的绩效进行关联性的考虑，才能较为全面、客观地对顾客参与进行分析、评价。

四、参与创新的顾客分类

服务创新的过程中客户参与十分必要，但不是每一个客户作用都一样，也很难让所有客户都参与进来，所以对于顾客的分类就十分重要。从不同渠道来获得参与服务创新的客户的信心，甄别这些客户的不同类型，进行合理的区分也是研究的一个重点。

学者们以顾客的经验、专业知识、参与创新的内在动机、创造力的贡献差异将顾客分为领先顾客、普通顾客、高级顾客。[105][106]同时大量研究发现，领先用户参与到创新过程中，有利于创新的成功。[107]Magnusson（2009）认为普通顾客的创意同样有价值，其创意通常具有突破性，但是可生产性较低；高级顾客的创意，可生产性较高，但使用价值和原创性较低。[108]曹花蕊（2014）[109]将顾客分为专家型、先锋型、普通型、领袖型，并认为先锋型顾客具有较强创新性，在群体思维水平跨越和发散阶段起到至关重要的影响。张红琪（2010）将消费者分为不同的类型，包括先驱型、成长型、躲避型、落后型四类；其中先驱型顾客不同是参与程度还是其客户价值相交其他客户更高，而且其行动呈现出更加理智的特点。彭艳君（2012）[110]提出，在顾客与企业共同创新过程中，领先用户具有超前消费需求，同时期望通过创新获益。互联网环境下的企业与顾客，顾客与顾客间存在很强的社交关系，领先顾客往往为了获得超前消费体验，而具有较高的人力资本和心理资本参与度，在相同顾客群体间其话语权也就强，这也意味着他们的社会资本水平更高。

五、简要评述

服务经济的崛起和网络时代的到来，对商业形态和消费者习惯产生了深刻的变革，企业已经很难将消费者排除在服务创新之外，相比从前客户的身份和地位已有巨大改变。许多企业开始让顾客参与到服务创新中来，甚至由顾客自己独立完成服务创新。客户参与的理论研究开始逐步成为热点，其始于对客户参与在服务传递中的研究，进而发展为对客户参与服务开发、参与的动机、程度、阶段和方式的探讨。学者们所处的视角不同，同样使得客户参与之界定存在一定差异。

经对顾客参与对服务创新绩效的理论梳理发现：大部分学者将市场效果和运营效果作为主要的绩效标准，在前期的理论梳理中我们发现顾客作为创新合作者，其自身所获得的价值也应该作为重要维度考虑进来，大部分的实证研究并没有对互联网环境下的组织作研究，有必要在绩效维度上在后续的探讨中补充完善。

不同学者对于客户参与服务的创新的不同层面有着各自的见解，从对其管理的视角看，顾客的参与的形式和顾客的类型对于服务创新绩效有着至关重要的影响，互联网环境下的顾客与企业、顾客与顾客的互动关系得到加强，以往的研究考虑的维度对互联网环境下的顾客参与服务创新解释力有限，而从资本禀赋的视角考虑顾客参与应是一个较为可行的研究视角。

另外，经过文献梳理发现：客户类型的差异对创新的绩效有存在不同程度的影响。而互联网环境使得个体间的交互加强，故有必要考虑互联网顾客的参与类型对服务创新绩效的影响。

第三节　知识转移

学者们对于顾客的重要性已经作了大量的论证，顾客参与服务创新使企业能够更好地获取顾客需求，而其本质为实现客户的知识向组织内部转移,所以有必要梳理相关理论成果。

一、顾客知识的界定与分类

（1）顾客知识

对顾客知识的探讨始于 1992 年,Bruns Don（1992）认为顾客知道得越多,购买行为就会越多,即可以通过给予顾客更多的知识来促进销售。[111]Gordon 等（1993）将其定义为与顾客相关的知识,是企业对顾客的理解和认识。[112]Alan Cooper（1998）提出该概念包含许多内容,不但包含有关顾客对服务详细的需求和欲望,以及它们满足顾客需求的信息,还有客户和组织进行交互沟通的难易情况和客户面对压力的智慧等。[113]Gebert 等（2002）将客户知识定义为客户与组织在交易和沟通当中,所需要或是生发出的一种动态的组合,其中包含经验、价值、情境及专业的洞悉力,以此形成的结构框架可以用来对新的知识、经验及信息进行考察和评估。[114]杨毅（2005）提出类似的观点,认为它能够在通过不断评估及获得新的经验和信息过程中自我更新。[115]

根据知识的特点,有些研究按层次性的作了区分,代表人物 Luca 和 Atuahene Gima（2007）将顾客行为和需求都界定为顾客知识,并且通过客户知识深度广度等几个方面加以区分。[116]叶乃沂（2002）认为顾客知识可以区分为客户界定、交流渠道、顾客的需要、价值等五层次的子集。[117]

（2）顾客知识的分类

现有文献主要对客户知识的三个方面进行探讨:知识的特性、来源以及客户和组织的关系。

首先,以知识本身的特点进行分类,这以 Polaiiyi（1966）提出二分法为代表,即分为显性和隐性的顾客知识。显性知识具体系性特点,并且可以通过系统化的语汇实现扩散,也容易获取。

隐性知识具有个人特质，它较难于获取、编码化、采用及人际传播分享。[118]刘黎（2010）在此基础上根据知识特性和顾客类型进行了更为细致的区分。[119]

表 2-14　顾客知识分类

		顾　　客	
		个体拥有	群体拥有
显性顾客知识		数据、评价	评价、定位
隐性顾客知识	技能类	产品常识、经验、技巧、诀窍	诀窍、经验、技巧
	认知类	判断、直觉、信念、心智模式	默契、文化、愿景、价值观

资料来源：刘黎（2010）。

其次，以知识的来源分类。Jennifer（2002）将顾客知识界定为：关于顾客的知识和顾客拥有的知识，关于顾客的知识是指潜在的顾客、顾客细分及顾客个体的知识；顾客掌握的知识，包含对新产品的喜好和期望信息，对现有产品的改善建议，各部分的相容程度，使用效能、适用场景及其市场定位等。Davenport 等（2001）又在此基础上将其区分为：客户所需的，能满足客户存在对市场、产品及其他相关的要求的知识；有关客户的，即得到客户的相关背景、对产品与服务之偏好、购买动机期望等的知识；来自客户的，即能够明晰客户购买、使用产品或者服务的方式和经历。

再次，以组织同客户两者间的联系进行分类。Garcia 和 Annabi（2002）认为顾客与企业之间进行知识交换的时候，有时知识是由顾客提供，有时是由企业提供。所以顾客知识应该有两个层面：顾客掌握的及所要获得的与商品和服务有关的知识，企业所掌握的可以用以支持客户进行消费决策的知识。

本书是从企业的角度来研究顾客知识转移的，所以参照

Jennifer（2002）提出的两类知识定义，即重点考察顾客传输给企业的有关顾客的知识和顾客所拥有的知识。

（3）顾客的知识管理

学界对于当今的大部分企业是由市场或者顾客驱动这一事实已经达成共识。遗憾的是能够将客户看作重要的有价值的资产，而且进行有效的管理的组织并不多见。Gibbert等（2002）肯定了顾客知识管理（CKM）对企业和顾客都有益，是关于获取、共享和扩展顾客知识的活动。也能理解为：组织试图改变客户原本作为产品和服务的被动接纳者的角色，通过向客户授权使之成为提供知识的共同伙伴的战略演进。对顾客所拥有的知识进行有效管理，能使企业更早获知市场机会，进而能够被顾客、组织以及利益的相关方快速用以价值创造。

客户知识管理（CKM）与客户关系管理（CRM）或知识管理（KM）这三者的内涵并不相同，有必要进行梳理和明确。

表2-15　知识管理、顾客知识管理、顾客关系三者的关系整理

	知识管理	顾客关系管理	顾客知识管理
知识来源	员工、团队、企业、企业网络。	顾客数据库。	顾客经历，创造性，对产品/服务的满意与否。
基本原理	揭示并整合员工关于顾客，销售过程和研发的知识。	挖掘企业数据库中关于顾客的知识。	直接从顾客那里获取知识并分享和延伸知识。
目标	获得效率，节约成本，避免重复开发。	挖掘企业数据库中关于顾客的知识。	直接从顾客那里获取知识并分享和延伸知识。
绩效衡量	相对于预算的绩效。	以顾客满意和忠诚为基础的绩效。	相对于竞争对手在创新和增长中的绩效，以及对顾客的成功所做的贡献。
收益	顾客满意。	顾客赢回。	顾客的成功、创新、组织学习。

资料来源：作者整理。

通过表 2-15 能够看出三者的差别。学者王伟（2010）对三者进行了较为简要的概括，认为知识管理的关注点是组织中的雇员间的知识分享，而其关系的管理则是客户结构化的数据，客户知识管理关注的是客户掌握的知识。这三者同样存在联系，顾客知识管理整合了顾客关系管理和知识管理两个方面，其中存在包含于顾客关系管理中的技术驱动和数据的导向，以及知识管理中强调内部人员的知识共享。这样无疑增加了理论的解释力度。但是对互联网环境下的顾客和企业来说，由于关系结构的变化，我们需要进一步考虑理论的适用性，以期提炼出管理策略。

综上所述，知识对于行业竞争力至关重要，尤其是为客户提供知识的企业。许多 KIBS 企业在管理知识资源方法上花费过多的精力及时间。不过怎样将客户所掌握的知识导进组织中并为组织所利用，才是客户知识管理的核心。也就是说，顾客知识管理的关键是实现客户有效的知识转移。下文将对顾客知识转移进一步讨论。

二、知识转移过程研究

现有文献是对通用的外部知识转移，逐步结合其特征、行业特点或者某类客户的转移经过的探讨。

Nonaka（1995）的知识螺旋模型、Szulanski（1996）的四阶段模型及 Gilbert 和 Cordey-Hayes（1996）的五步骤模型，还有Commings 和 Teng（2003）四要素模型都属于通用性的外部知识转移模型。

日本学者 Nonaka（1995）创造的重要的知识创造螺旋模型（SECI），成为知识转移中重要的理论基础。[120]他提出隐性的知识对认知有着重要作用，也是知识创造之起点。并提出了知识创造阶段的四分法。这个流程中有两个层面：知识层面由个体转向团队层面，最后向组织层面转移，循环往复，如同螺旋。大量学者在此基础上作了深入研究，并将之应用到组织间的转移过程。

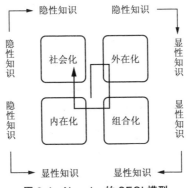

图 2-4　Nonaka 的 SECI 模型

资料来源：Nonaka（1995）.

Szulanski（1996）指出知识转移不是瞬时行为，而应视为动态流程，并由初始、执行、加速和整合四个部分构成。Gilbert 和 Cordey-Hayes（1996）所创立的五步骤模型[121]指出，如果企业意识到其内部缺少某些知识，就会出现"知识缺口"，就需要通过转移将新知识导入组织。Commings 和 Teng（2003）区分了知识转移进程中的重要部分并提出相关的模型，即：所转移的知识、知识的源头、接收方和转移情境。[122]

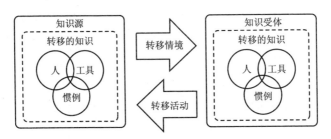

图 2-5　Commings 和 Teng 提出的知识转移模型

资料来源：Commings & Teng（2003）.

后续研究加强了对转移过程特征的研究，加入顾客、行业等特征，并进行了针对性的探讨。孟然（2008）强调顾客知识转移过程最为明显的特征是随时性的顾客的参与、互动和即时的双向交流。[123]并将其过程分为顾客知识接受、表达、内生、吸收几个阶段。芮明杰等（2004）以动态价值链的视角以高技术组织为研究对象，创造了新的知识创新模型，包含知识创新过程，场和库的概念。[124]学者庄智（2006）以水平高低，即简单的信息沟通、以知识的交换和反馈提升服务、共享彼此的智慧区分了转移过程。[125]其中包含三个层级：顾客的参与逐渐递增，与组织的互动逐渐加强，双方互为知识的获得者和生产提供方。赵文军（2008）提出，客户知识转移分为编码、延伸、创造、应用等阶段。[126]Tiwana（2000）认为该过程应该包含获取、使用和分享三阶段。[127]还有学者认为知识转移就是顾客知识的流动过程。[128]张杨（2009）区分服务创新的不同阶段，探讨客户知识转移在不同阶段的作用，并以此构建了客户知识转移模型；且提出了组织和客户互动界面四种基本模式，即知识的显隐性的互相转化。

虽然研究者所得出的观点及模型存在差异，但是通过理论梳理，能对顾客知识转移总结出以下特征：第一，属于跨越组织边界的一种知识流动过程；第二，该过程是由组织和客户的经常性的互动的结果，相较于组织内的知识转移，顾客层面会更加不易；第三，表现为双向转移特征，在该进程中客户向组织共享了其个人信息、需求及掌握的知识，同时企业也需要向顾客转移关于产品、服务和营销方面的知识，有些时候企业需要对顾客进行培训和教育。

三、顾客知识转移的影响因素

对于顾客知识转移的影响因素，学者提出了丰富的见解，大致包括：组织的类型特征、知识本身的特性、选择的合作伙伴以及信任关系等其他因素。对于影响顾客知识转移的因素，相较还是较为分散，也不多见。而知识来源方、接收方、本身特性、知识转移的情境是本书所依据的四个关键内容。下面对已有研究进行梳理总结。Von Hippel（1996）强调了用户的差异性，提出领先用户是在产品与服务普及前最先尝试的那批人，同时，他们能够敏感地发现问题并提出开发改进新产品和服务。与领先顾客参与服务创新，能使企业推出的产品更快面市，也更易为消费者接受，以占据市场优势，获得竞争优势和市场先机。[129] Gary L. Lilien 等（2002）通过对 3M 公司的实证研究，发现领先顾客的参与使 3M 公司提高了创新能力，五年内在领先顾客中的销售收入比非领先顾客高八倍，产品开发速度也优于传统方法。

（1）知识来源特性的影响

不同客户类型也是影响客户知识转移的影响因素之一。王学东等人（2008）认为知识转移会受到顾客自身的沟通能力、沟通的意愿以及他本身的知识存量的影响，即这部分知识能够赋予企业价值。[130] 杜红等人（2004）认为知识转移应该区分组织顾客和个人顾客，因为两种的影响作用存在差异性。[131]

（2）知识接收方的影响

现有研究表明，知识转移会受到知识接收方有着何种战略导向，本身有着什么样的规模，还有本身所具有的吸收能力等的影响。对组织的规模影响知识转移的作用，学者们目前仍然是存在争议的[132]；而在组织战略上，规模对知识转移存在正向作用，如国内学者王伟（2010）进行了实证验证。Hansen（1999）认为产生制作转移的前提是对知识存在意愿。[133] Cohen 和 Levinthal（1990）首先对吸收能力进行了界定，指识别、内化及应用新知识的能力。[134] 吸收能力也渐成知识转移研究范畴中重要的主题。Gupta 和 Govindaraj an（2000）证实了吸收能力与知识转移数量对知识转移有重要影响。[135]

（3）知识本身的特性

现有的成果认为，知识的转移会受到知识本身特性的影响，这些因素包括知识的显隐性、简繁程度等。Simonin（1999）指出，知识转移受到知识本身的复杂、内隐和模糊性的影响。[136] Coff 等（2006）也指出知识的模糊性使知识在组织内部和外部之间转移[137]，同时也使得竞争对手难以模仿。[138]

（4）情境的影响

组织和组织的文化距离、顾客和企业的关系、彼此信任的关系等都是知识转移情境中所包含的作用因素。研究表明，知识转移的效果和效率，会受顾客和企业之间关系较大的影响。[139] Hansen（1999）认为，关系强度就是合作伙伴间的关系亲密程度，其表现之一是交互沟通的频率的增长。Rowley（2002）等证实了关系强度高能够导致更多知识转移。[140] Inkpen 及 Tsang（2000）指出顾客如果拥有更多样的知识，会具有较高的知识势能，即文化距离是影响知识转移的重要的情境因素。[141] Lane 等（2001）认为合作者之间的信任能够增强互相的承诺，增强理解外部知识的意愿，进而促进组织间的知识转移。

四、简要评述

顾客的地位和角色已经和以往大不相同，企业十分重视对顾客需求的研究，对顾客知识和对知识转移的研究成为研究热点。对客户知识的探讨主要包含客户知识的界定、分类、来源、作用和管理。特别是知识密集型服务企业如互联网企业，会花费大量的资源管理顾客的知识，而其中重要组成部分是关注顾客知识如何转移向企业。

对顾客知识转移的研究，学者们聚焦于：对转移本身的界定、转移过程的影响因素。转移对象的特征如领先顾客，以及与之相关的情境，都对知识转移起到重要影响，也为本书对相应机制和管理策略的探讨提供丰富的理论参考。

第四节　现有研究评述

经过上文对各个理论的文献回顾，不难看出国内外与顾客参与、服务创新和顾客的知识转移相关的研究已经取得许多成果，这构成了支撑本书的重要理论基础。未来的研究可以从下面的诸方面进行延续性的拓展和完善，同时增加理论的实证的研究。

第一，聚焦典型的、具有代表性的行业，探索其中的创新规律。服务行业的快速迭代，使得服务创新受到越来越多的关注，对于其理论建构逐渐成熟。但是，互联网技术的普及使得全新的服务业态不断涌现，互联网服务业在服务经济中的重要作用越发明显，较之传统服务业，它们有着诸多差异性，比如服务生产和创新就需要顾客参与其中，这种参与性特征越发明显；另外在互联网技术作用下，企业与顾客、顾客与顾客关系结构发生变化，这使原有的服务生产及创新理论面临了很大的挑战，需对原有理论作深入的验证及拓展。目前有关互联网产业的服务创新已经开始引起学者的重视，可是现有的研究仅属于初步阶段，需要深入探讨的问题还有许多，如：对于互联网服务业为对象的创新模式研究、服务创新过程中的顾客参与作用机制问题等。

第二，客户参与服务创新理论存在深入探讨的可能。首先，服务行业中顾客参与服务创新的现象已经开始引发较多国外研究者的研究兴趣，是营销和管理理论研究中的热点。但国内的研究刚刚起步。我国处在经济转型期，随着移动互联网的普及，消费者的购买行为不断成熟，购买能力不断增强，顾客参与互联网服务创新的方式有与传统方式有较大差异，需区别对待。因此，考虑到中国的具体消费环境及经济条件，参考现有的、特别是西方的理论贡献，对客户参与服务创新行为进行探讨，将有很强的理论意义和现实意义。不过，它属于较新的研究课题，围绕其理论体系需要深入探讨、丰富和拓展；现有相关研究中权威性的定义未完全出现，综观现有的理论研究，只是对顾客参与创新行为进行解释，由于行业语视角各有偏重，缺少对于互联网时代情况下的一般解释力，因此要有一个较为整体性的对于顾客参与互联网服务创新的定义，才能较为全面地描述这一全新的参与过程。其次，顾客参与创新的维度在互联网时代有了一定改变，需要对各个维度进行调整与开发，使其具备测量可操作性。最后，顾客参与互联网服务创新对于企业经营活动的影响，需要进一步的实证研究以比较其与传统服务业的差异，并提出可供实业界借鉴的管理策略。

第三，客户与服务创新之间的联系需要深入论证。在已有文献中，较少涉及两者关系。之所以造成这种现象，首先是因为技术创新为导向是较为传统的研究范式，创新环境相对封闭，参与创新的条件还不成熟，创新的作用也十分有限。二是因为顾客参与服务创新的过程在互联网时代以前并不能很好地测量和统计。因此，关于这部分命题以描述性为主，来研究客户的参与对于个别的服务绩效之间的影响，如 Campbell 和 Cooper（1999）及 Brockhoff（2003）在这方面的研究。学者们已经普遍认识到对于互联网时代下的顾客参与互联网服务的方式、程度、顾客的分类是重要的研究课题，需要从多个利益相关方出发，探索与服务创新过程紧密联系的绩效收益，即找到一个适合互联网时代语境下的具有一定解释力的绩效准则模型，以反映互联网服务创新的市场和企业绩效。

第四，缺少客户参与创新对互联网企业服务创新绩效作用机制的研究。虽然顾客对于服务创新的影响，已渐成研究热点，但在互联网环境中有必要对顾客参与创新如何影响服务创新绩效的作用机制等问题展开探讨。例如，魏江等（2008）提到知识转移在 KIBS 企业与客户互动和创新之间的作用；卢俊义和王永贵（2011）构建了顾客知识转移与服务创新绩效的关系理论模型；王伟（2010）提出了顾客知识、顾客关系管理、顾客知识管理的维度划分。这些研究都为本书提供了全新的视角，也揭示了知识转移在互联网顾客参与和互联网服务创新绩效之间可能存在的中介作用，但是，互联网时代下的顾客与企业间、顾客与顾客间的关系结构发生的改变，对于顾客参与的知识转移机制、顾客知识管理策略还需深入地进行实证和完善。

以上诸多有待解决的议题，都为本书的研究对象——互联网顾客参与、知识转移、互联网创新绩效，指明了新的研究思路和途径。

第五节　本章小结

本章首先通过文献梳理和可视化的索引工具对服务创新的研究视角及脉络进行总结，厘清了概念、特征，提炼出顾客这种重要的创新驱动因素，同时对服务创新绩效的维度和测量进行了阐释和比较，继而对顾客参与创新的相关内容进行综述，包括研究视角和维度划分、对服务创新的影响、参与的顾客分类等。其次，对顾客知识转移的界定、分类概念特征及转移过程和影响因素也作了综述。最后，提出在互联网时代背景下，对顾客参与的构成、顾客知识转移及其转化为服务创新绩效的机制需要作进一步探讨的必要性。

第三章　顾客参与驱动服务创新

第一节　顾客参与互联网组织服务创新的理论基础

一、互联网组织的特征

信息时代，互联网建构了我们新的社会形态，它的扩散根本地改变了生产、经验、权力与文化过程中的操作和结果。[142] Dertog 等人提出的服务创新四维度模型中，技术位于模型的中心位置，分别对新服务概念、新的顾客界面、服务传递系统发生相互作用。当下，随着以互联网为代表的 ICT 技术成熟，及其大量运用于经济生活，这对现有商业环境产生了深刻的影响，促进了新兴的商业模式产生、企业与顾客的沟通与接触方式的改变、服务产品与顾客的连接方式的变革。一方面是新型互联网服务行业的产生，另一方面是传统服务业正进行着互联网化的改造。海尔总裁张瑞敏在对海尔进行互联网模式的改造时提出互联网对传统行业的三种颠覆：商业模式的颠覆，即从分工式到分布式，企业变为构成互联网发布中的一个节点；制造模式的颠覆，即大规模制造变为大规模定制，用户被赋予组织生产的权利；三是消费模式的颠覆，即从产品经济到体验经济，顾客进入生产前端，成为生产流程体验迭代的驱动力。

张瑞敏进一步指出，企业互联网组织的特征是"三化"：企业平台化、用户个性化、员工创客化。原本封闭的科层组织转变为开放共创共赢的生态圈；用户在平台上变成了生产者和创业者，用户个性化得以实现；员工从雇佣者执行者变为合伙人创业者，拥有更多的决策权、分配权、用人权。平台化意味着进入平台共同参与价值创造成为可能，企业与利益相关者的关系从单线式变为网络式的多元连接；用户个性化意味着企业赋能于顾客创新、生产、销售等原本单纯属于企业的权力，更多的顾客将参与并进入平台，参与的广度与深度进一步加深；员工演变为合伙人的角色，获得自主权的员工，能够更好地与顾客连接，更积极参与服务产品创新、传递、营销等工作。

互联网组织的以上特征，使得互联网服务业正呈现出高放性、高参与性和高交融性，这也决定了其与其他传统服务行业的差别。

二、参与型服务创新

通过上文的研究综述可知，服务创新的研究视角经历了产品与服务二元对立视角、产品与服务整合的视角、开放网络化的视角。这一视角演进背后，则是顾客需求与欲望的改变。

马斯洛提出的需求理论描述道：人的需求按层次可以分为五级，依次分别是生理上的、安全需求、爱与归属感、被尊重以及自我实现；需求的差别逐级提高，当达到一个层次，就会有另一更高层次的需求。[143]欲望是人类需要的表现形式，在购买力得到支持时，欲望便转化为需求，同时，人们总是会在欲望以及资源一定的情况下，更倾向于可以最大化自己的满意度和价值的产品和服务。[144]营销大师 Philip Kotler 提出企业的生存在于比竞争对手更好地满足顾客的需求。[145]Woodruff 认为企业获得长久发展，获得竞争优势的关键在于满足顾客需求。[146]

Toffler 在其成名作《未来的冲击》中将人类经济发展界定为

三个阶段：产品经济时代（前产品经济时代和后产品经济时代）、服务经济时代、体验经济时代。顾客需求从识别方式可以分为显性需求和隐性需求，显性需求是指顾客有能力购买且准备购买的某项产品和服务的意识。而隐性需求则相反，是那种没办法进行很明确的描述，而且通常不是直接能够提出来的这部分需求。这种需求隐藏在显性需求之后，往往是由企业或组织通过细致分析和挖掘以及对市场趋势的预测判断所提出，以此作出的创新会花费更多的资源和努力。

将顾客需求的显性向隐性转变（显性—隐性）作为横轴，服务创新的投入程度（易—难）作为纵轴，结合服务创新的视角演进，可以看到服务创新的类型可分为：功能性服务创新、体验性服务创新、参与性服务创新。功能性服务创新是在产品或服务二元对立的视角下，在物质产品并不十分丰富的阶段中，顾客需求较为明确，即获取相应的产品或服务以满足使用其功能的欲求，企业或组织以此作为服务创新开发的依据。由于顾客需求较为明确，故而获取顾客需求较为方便，创新难度相对较低。

体验性服务创新是指，在产品与服务整合的创新研究视角下，此时市场中的产品和服务相对较为充足或充分，顾客在选择产品或服务时，还会注重能否满足其额外的需求，此时企业创新的重心应为体验性服务创新。

在互联网时代，顾客、企业、各个利益相关者被有效地连接起来，信息的不对等情况被大大降低，一方面，市场对于企业的精细化、个性化生产能力提出新的要求，另一方面，顾客获取产品与服务的便利性大为提高，需要更为个性的服务产品，对于服务也有更多的隐性需求，希望能够在服务生产中更多体现个人的价值。谁更靠近顾客，谁就能更了解顾客，更好更有效地提供有竞争力的服务产品。对于企业挖掘，分析顾客隐性需求成为重要内容，而创新的难度也大大提高，此阶段的创新是指在开放的创新视角下如何让顾客更好地参与服务创新。

以公共交通服务为例，顾客在交通条件有限的情况下，企业只强调功能性服务的创新，如在公交车的基础上推出出租车，就能够更快、更灵活地实现运输需求；而在体验经济时代，光靠车辆技术的创新已不能满足顾客的更高的需求，顾客的消费决策会考虑服务质量、安全、品牌等其他因素，以提升自身购买使用服务过程的体验，这个时候企业需要进行的便是体验型创新；而在互联网时代，服务各方被有效连接起来，随着UBer、滴滴专车等共享经济模式的出现，顾客的用车更为个性，体验更好，同时顾客可以是双重身份，既是服务消费者，也是提供服务者，由顾客来满足其他顾客的需求，企业的创新重心是如何让更多的顾客参与进来，让更多的顾客体验、需求声音也更快、更便捷的被企业所接受。但是这样的服务创新恰恰是最复杂、最困难的。这种参与型服务创新和顾客员工化的趋势，正是未来互联网组织服务创新重要的演进趋势。

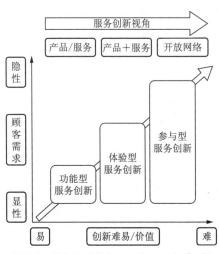

图 3-1　参与型服务创新研究视角演进趋势

三、资本禀赋视角下的三维度资本界定

随着资本存量结构日益多元化，资本互补性也呈现阶段性的变化，企业要想取得竞争优势，需要将可用资源转化为效益资本，即通过提高知识员工的嵌入程度来增加创新能力，提高创新绩效。[147]员工所拥有的三大资本——人力资本、社会资本、心理资本显得的尤为重要，这也是员工所保有的天然禀赋。对这三大资本进行界定和梳理，能为引入顾客创新参与管理提供理论依据。

（1）人力资本的内涵和维度

关于人力资本的研究，在国外探讨的较早也较为完善，其概念最早由 T. W. Schultz（1961）提出：一种技术能力及生产所需的知识存量，而且是从人力资源（劳动者）身上表现出来的。[148]后续研究者基本在这个概念上拓展其影响因素和作用。Becker（1975）探讨人力和社会资本，拓展了前者的收入效应的内涵。[149]Black 和 Lynch（1996）认为通过在岗培训和教育对人力资源进行投资能够提升企业生产率和竞争力。[150]陈建安（2000）认为人力通过转化为物质化的商品及服务后，能够增加它们的效应，并使提供方取得利益。[151]Janssen 认为人力资本是生产性资本储备，它的价值由劳动力市场所承认的报偿决定，体现了其所包含的知识和技术能力的价值。徐晓军将其归纳为一种市场准入作用。Blundell 等人（1999）认为人力资本包含天赋及后天通过教育或工作所获得的技能。[152]柯江林（2010）认为人力资本是后天形成的知识、技能与经验，是对资本主体的教育培养投入后的所得。宋欣和周玉玺（2014）也提出相同的观点，认为人力资源是后天形成的，汇聚于雇员之内，存在经济价值，将来能使企业受惠并与企业共享的雇员所拥有的经验及知识、能力和技术水平、个人付出的程度水平，还包括有着质量内涵的劳动者身上的禀

赋，以及教育程度和工作经验。

（2）社会资本的内涵和维度

Nahapiet（1997）认为社会资本是个体在自身所处的网络内，或在更加广大的社会结构内，获得稀缺资源的一种能力。[153]NanLin（2001）认为社会资本是一种社会结构或规范，来自人际间所构成的社会网络中彼此互惠的联系。[154]Hsiesh 指出汇聚和引导的功能是社会资本重要特征，可以使团队组织内处于不同阶层和属性的个体对组织的归属和认同感，进而使得个体间保持同步。Ghoshal 认为社会资本有着社会自组织结构的特征，个体彼此间的高度信任可以由高强度的参与产生。柯江林（2010）指出社会资本是通过关系投资形成的人际关系网络。宋欣和周玉玺（2014）将其描述为人际交往，即彼此存在的相互间的信任关系以及一直有连接的工作性质的网络。NahaPiet、Ghoshal 及宋欣，区分了结构、认知以及关系三个层面，结构层面描述的是人和人之间所处网络和社会系统中的联系模式；关系层面是指人们逐渐发展并彼此认可、同化信任的关系网络；认知层面是指在关系网络当中的个体间所共有的语言、编码、思想，内部一致的特性。

（3）心理资本的内涵和纬度

Luthans（2007）以 Seligman 的积极心理学为基础，对心理资本的概念进行了探讨，认为心理资本属于一般积极的心理的关键构成，遵循积极的组织行为学准则，可以通过针对性的开发及利用使作用对象获得竞争优势。[155]Youssef（2004）将其定义为在不利情况下，个体或组织对自身的管控能力，并使这种积极心态随时间得以嵌入和开发。[156]柯江林（2010）认为心理资本是一种对工作绩效有正向影响的积极的心理调节力，是可以被测量及挖掘发展的。宋欣和周玉玺（2014）将心理资本界定为在研究学习、创新开发、进行工作、处理人际关系等方面表现的一种积极心理状态和心理能力。以上学者都将心理资本划分为自我效能、希望、乐观、韧性四维度。

（4）人力、社会、心理资本三者的关系

柯江林（2010）认为人力资本来源于经济学，社会资本来源于社会学，心理资本来源于心理学，且都被视为推升员工绩效及增加企业竞争力之重要因素。田喜洲（2009）通过梳理人力资源相关理论，认为在经济、人力、社会、心理资本之间存在传承发展的关系。具体来说，传统经济关注有形资产（厂房、设备等），但随着社会的发展，明智的企业家开始意识到无形资产即社会资本和心理资本的重要性。人力资本是个体通过教育及经济积累获得的知识、技术及社会认知能力。而社会资本是个体人际交往、工作接触中建立的关系网络和信任等。心理资本是能够影响个体生产率之因素，是一种个体意识或自我尊重的感觉，对个体的动机和工作态度起控制作用。

图 3-2　经济资本、人力资本、社会资本、心理资本之间的关系

资料来源：田喜洲（2009）。

20 世纪 70 年代，德国科学家 Hermann Haken 提出协同的观点，指出整个环境中各个系统彼此间存在相互影响又相互合作的关系。而将人力、社会和心理资本三者结合起来的协同影响研究，是当今组织人力资源研究的热点。[157]张红芳（2009）在协同概念下提出了三者的整合模型，即人力、社会、心理资本相互影响、相互协作配合，并认为三者协作配合对挖掘个体潜在能力和创造企业核心竞争优势起到核心作用。[158]田喜洲（2013）通过对酒店服务的实证研究认为：酒店服务过程就是员工与客户高度交互的过程，体现为员工用各种有形设备、设施和手段，为客人提供物质和精神需求，员工的工作技能、社交能力和心理情感都对服务质量有重要影响，而且服务质量又会反过来对雇员的工作绩效以及对组织的心理归属感造成影响。林竹（2011）通过对农民工参加工作的情况进行研究，认为三个资本彼此作用，互相协同，会对农民工的就业产生作用。

第二节　顾客参与服务创新的概念

一、企业的外部人力资源——顾客

Penrose（1959）将企业视为资源的集合体。[159]而后，Wernerfelt（1984）提出了企业资源基础理论（Resource Basic View）。其基本假设是：企业是具有不同有形和无形资源的集合体，同时这些资源可以转变为独特的能力；企业间那些难以复制的资源与能力是企业持久的竞争优势源泉。[160]早期的研究集中于企业的内部资源，如企业文化、创新能力、其他研发资产等。顾客则是企业的外部资源。

服务生产本身具有与制造业不同的特性，这使得顾客在服务开发、服务传递等许多情境下成为企业的"临时雇员"，顾客这部分外部资源就被部分地整合进企业内。所以服务企业中不只存在企业雇员，还存在"顾客成员"。[161]Firat等（1995）早就提出，后现代的时代特征是生产和消费的颠倒。随着消费者知识水平的提升，其品味出现个性化、复杂化和多样化的趋势，同时其消费能力在增强，消费者已经不仅仅是服务产品的购买者，而且成为价值的共同创造者。[162]尤其随着网络化与数字化时代的到来，消费者能够借助于创新工具，其加入创新的程度更深入，服务提供方也能更靠近及获取消费者的知识和想法。企业为了获得竞争优势，必须将顾客视为潜在的重要合作伙伴，通过获取和整合顾客所拥有的资源来共同创造价值。

在企业与顾客的交互中，顾客会以知识或信息的形式向企业传递、提供特定的资源或能力，这些资源和能力通过企业的转化吸收，极有可能成为服务创新的来源。这种交互，加深了企业对顾客的了解，尤其是对顾客隐性需求的了解，企业在服务创新中的不确定性，通过这些关键知识和信息大大降低。另外，顾客如果能积极主动参与到服务开发设计生产环境，激发他们创新性的构思与建设性的改进意见，同时顾客还可能通过其社会资源，将属于社交关系中的知识与信息传递到企业，使服务创新的效率得以提高。Prahalad 和 Ramaswamy（2004）提出，利用顾客的智慧去传递服务能够提高生产能力，并且这是获取竞争优势的重要手段。

所以，基于资源基础理论视角，顾客参与服务创新可被认为是获得顾客知识的重要手段，并对服务创新的绩效有积极影响。在整个服务生产和传递过程中，客户和职员一样，都属于组织的"人力资源"。[163]

二、顾客参与的概念界定

毋庸置疑，顾客参与已成为学界极为关注的课题，不同学者对其进行了不同维度的探讨。以往的顾客参与研究，主要包括：顾客的参与动机——如 Alam（2002）[164]，Luthje（2004）[165]，von Hippel（1994）[166]等；参与阶段——如 Alam 和 Perry（2002）[167]，Luteberget（2005）[168]，van der Horst（2008）等；参与程度——

如 Gruner 和 Homburg（2000）[169]，Kristensson，Magnusson，Matthing（2002）[170]，Zhang，Liu，Liu（2007）[171]；及参与方式——如 Edvardsson 和 Olsson（1996），Lundkvist 和 Yakhlef（2004）[172]，Piller 和 Walcher（2006）[173]等。这四个视角构成了顾客参与的内涵和维度。本书将从参与方式，即资本禀赋的视角进行研究，具体从顾客人力资本参与、顾客的社会资本参与和心理资本参与三个角度展开探讨。有效开发并对人力资本、社会资本及心理资本进行管理，被视为组织成功的关键。田喜洲（2009）认为资本发展经历原始资本、经济资本和人力资本三个阶段，随着社会发展，社会资本和心理资本逐渐成为 21 世纪人力资源管理新方向。[174]但其中大部分研究聚焦于组织员工的管理——如宋欣和周玉玺（2014）——特别是知识员工的管理，对于顾客参与的管理这是否可以参考借鉴值得进一步研究。

本书将顾客参与服务创新定义为：在互联网组织服务创新活动中，网络上的顾客利用自身所具有的人力资本、社会资本和心理资本参与其中，即顾客在积极的心理状态下，不仅提供其信息、知识、思想、技术和情感，同时还利用其所能触及的自身周围的各类社会资源，参与到服务供应商的服务创新活动中，甚至率先测试和使用新服务。

（1）人力资本型顾客参与

一般认为，Schultz（1961）最早提出人力资本的概念，指劳动者知识技术的水平、具体的能力以及身体的健康水准，另外经过对行为主体自身的教育和培训等各种学习项目的投资，提供保健、医疗等诸多方面的投入可以提高该资本的水平。Schiemann（2006）认为，可以从配合度、能力、贡献度三方面（ACE）来对人力资本进行评价测量。[175]人力资本的积累会显著地影响顾客参与活动。Lee 等（2003）研究了顾客如何影响使用技术导向的创新过程；并总结出，对于创新的影响包括：顾客本身的工作和行业中的经验经历，教育学习的背景，专技能力，有针对性的教育培训，对过程的评价等。[176]Gonzalez 等（2004）采用 QFD（质量功能展开），以电子金融服务行业为研究对象，来研究管理顾客参与的服务开发活动，结果表明企业通过启动专业化人力资本可以使开发活动更为高效。[177]Van der Horst（2008）认为顾客参与程度对金融服务产品开发至关重要，其中顾客的投入、大量的征询，代表人员的参与，相应的组织方对应的人员能力、素养、对待问题的处置方式，都是顾客参与程度的影响因素。学者们认为顾客参与中的事先人力安排对顾客创新活动的管理至关重要。人力资本也包含智力的因素，存在于雇员和管理者，所对应的技能、知识和经验，它们能使顾客满意，促成顾客对于企业的关系的深度涉入。所以本书认为人力资本型顾客参与是指在互联网服务组织的服务创新中，网络顾客利用自身所具有的经验、知识、能力、经历及技能等诸多无形资源涉入创新的过程。综上所述，本书将人力资本视作顾客参与的研究维度构成，具有合理性。

参与程度的不同，参与创新的形式也不同；本书将低水平的顾客人力资本参与定义为：顾客参与服务传递，即顾客为满足自身显性需求，快速获得服务，而承担一部分企业将服务产品递送给顾客时的所需承担的一部分工作，例如，针对互联网购物时的自助选购、在线付款等都属此类。中等水平的顾客人力资本参与是指顾客参与对消费过程的评价、建议、分享。高等水平的人力资本参与是指顾客投入自身的时间、经验等，参与开发、测试、内容创造，甚至是对服务产品的营销等企业员工的职责。

表 3-1　不同程度的顾客人力资本参与互联网组织服务创新的形式分类

参与程度	顾客人力资本参与互联网组织服务创新形式
低	参与服务传递
中	参与分享，评价，建议
高	参与开发，参与测试，参与营销，参与内容创造

（2）社会资本型顾客参与

20 世纪 70 年代，组织行为学、经济学、社会学甚至政治学，都开始关注社会资本的研究，以解释经济增长和社会发展，Pierre Bourdieu（1980）首先提出了社会资本理论，他认为场域就像社会之网，位置则是网上的连接，社会资源和权利呈现出差异性，且主要是由社会成员以及团体所处的位置决定的。[178] Nahapiet 从能力视角界定了社会资本，提出社会资本是评价个人所处的网络及更广大的社会结构和所能取得稀缺资源的指标。James S. Coleman（1988）提出社会资本不但是社会结构的组成，也是一种社会资源，与物质资本和人力资本并存，三者可以互相转换。[179] Nan Lin 认为那些嵌入个人社会网络中的资源，包含声望、财富或所拥有的权力就是社会资源；社会资本就是从社会网络中动员了的社会资源；社会资本存在先在性，它是人们投资在社会关系中并期待回报的一种资源，而人们需要遵守社会结构中存在的某种规范是获得社会资本的前提；以此所产生的引导和聚合在该团体当中原本不属同一层次，不同个性的成员的行为，使他们产生共同的认同感和归属感。[180] Robert D. Putnam 将社会资本引入政治学研究中，提出由于地区存在共有的历史渊源和文化环境，所以人们容易相互熟识并形成关系密切的社区，组成公民参与网络；而社区中的关系通过赏罚来加强彼此的关系。[181]田喜洲（2009）提出企业层面上的组织成员以及各个部门构成的关系网与外界构连，形成连接，信息与资源得以交流和沟通，互通有无，此时社会资本就是他们所拥有的社会关系资源。柯江林（2010）认为社会资本反映的是一种"特殊"的互惠关系，与传统市场中存在的交易关系与科层中的命令与服从关系不同，通过这样的关系，个体可以动用他人的信息、知识与资本等自身以外的资源来弥补自身的不足。社会资本丰富的个体更会表现出助人行为与更高的工作积极性和奉献精神。[182]顾客的社会资本即包含了顾客与其他（潜在）顾客，也包含其自身与服务供应商的关系，彼此间的社会资本越高，动用与之相关的社会资源的能力越强；对社群的引导性及与企业信息的交换能力也越强。所以本书认为社会资本型顾客参与是指：在服务创新中的行为顾客与企业，顾客之间的关系构建。所以，通过上文所述，将社会资本作为本书中顾客参与内的研究构成，也具有一定合理性。

本书将顾客社会资本参与按水平高低分为：低水平的顾客社会资本参与，即顾客与企业形成弱连接关系，如通过注册会员、保存企业信息等。中水平的顾客社会资本参与，即顾客通过线上线下的互动，将更多社交关系导入企业与企业形成的强关系，如顾客将 QQ 或微博的账号授权给企业，企业拥有更多的顾客的社交关系，也获得了与更多同类用户接触的机会。高水平的顾客社会资本参与，即企业与顾客，顾客与顾客间构成了成熟的社交连接，成员彼此间有着共同的价值观和行为规范，如顾客与企业共建、彼此间有着共同组织目标或爱好的虚拟社区。

表 3-2　不同程度的顾客社会资本参与互联网组织服务创新的形式分类

参与程度	顾客社会资本参与互联网组织服务创新形式
低	注册用户与企业形成连接（弱关系）
中	更多社交关系导入（强关系）
高	与其他顾客共同与企业形成连接，形成社区（更强关系）

（3）心理资本型顾客参与

蒋建武和赵曙明（2007）认为心理资本可以描述为一种心理学上的形态，它能表征人对未来的希望和信心，表现乐观和毅力的心理状态；是员工努力的动因，也是激发员工主动性和创造力的核心因素。[183]Luthans 等（2004）将心理资本定义为能够导致组织行为的心理状态，包括自我效能、希望、乐观及韧性。[184]王雁飞和朱瑜（2007）也将能够导致个体和组织积极结果的心理和行为界定为心理资本，如对组织的组织承诺、组织公民行为，组织认同等；另外，如忠诚、诚信、心理契约、工作投入等，同样也可用乐观、希望、组织效能、韧性来分类。[185]Luthans，Avolio，Avey 和 Norman（2007）通过实证研究，证实了这种分类的可行性。已有研究认为，顾客是服务创新过程中的"准员工"，所以顾客对企业同样存在认同、承诺、忠诚等类似员工的心理，心理资本的概念应该同样适用于对顾客的研究，王永贵和卢俊义（2009）提出"顾客心理资本"概念，认为它反映着顾客在参与服务创新过程中与外部环境积极互动并由此形成的积极的心理态势；有助于顾客树立信心、克服困难并最终实现价值。

对于心理资本的分类，主要集中于希望、自我效能、乐观、韧性这四个维度。仲理峰（2007）认为，希望是目标导向活动（代理）和实现目标的计划（途径）之间的交互作用而产生的动机状态。[186]王永贵和卢俊义（2009）认为希望是个体设定现实和具挑战性的目标和期望，它通过自我引导的决心、能量和内控的知觉来达到目的。王永贵和卢俊义（2009）将自我效能界定为由个体处在特定的情境下，希望成功的动机被激发，进而决定调动自身所认知的资源，或准备实施相关必要的行动的心理上的信念。Luthans 等（2008）认为高自我效能可主动提升自我而不必等待他人来设定目标。它反映了顾客对实现服务创新的信心。仲理峰（2007）认为，乐观将个体解释不利的状态是短暂的、外部的因素导致的，而将有利的状态认为是来源于自身内部的、持续的和普遍的。Luthans，Youssef 和 Avolio（2008）也提出类似观点，认为乐观不仅预期未来能够发生积极的事情，还在于对事情发生时，主体是如何解释与归因的。[187]Luthans，Youssef 和 Avolio（2008）认为韧性是指从困境和顺境中恢复过来的能力和超凡意志力。韧性资产包括：认知能力、忠诚、积极的生活观念、情绪稳定性、创造性及主动性等。在顾客参与服务创新中，由于企业面对高度的市场不确定性，整个过程可能是一个高风险、高成本的过程，也有失败的可能，所以企业的服务创新过程尤其需要顾客能够有着积极的心态与企业一同面对这一过程。心理资本型顾客参与是指顾客参与服务创新中，在与外部环境交互过程中拥有积极的心理态势，它能够激励顾客积极投身，也能够帮助顾客克服创新过程中的困难和挫折。综上所述，本书将顾客心理资本参与也作为顾客参与服务创新，十分必要，应该也是可行的。

本书认为互联网组织的顾客心理资本参与分为三种：低水平参与，是指对参与服务创新心怀希望。中水平参与是指对于自身参与服务创新自信，乐观。而高水平的参与是顾客对创新相当积极，不轻易放弃，具有坚韧的心理特征。

表 3-3 不同程度的顾客心理资本参与互联网组织服务创新的形式分类

参与程度	顾客心理资本参与互联网组织服务创新形式
低	对创新肯定、有期待
中	对创新能力自信、乐观
高	积极参与创新、坚韧，不轻易放弃

三、顾客参与的特征分类

顾客参与服务创新的分类，是构建该概念的重要内容，也是对服务创新理论系统建构的重要过程。通过文献综述可以看出，现有服务创新的分类多是以技术维度、参与主体维度、创新的新颖性进行划分。但区分维度存在局限性，存在难以界定或可操作性弱等问题。东华大学的服务创新团队，通过以企业为主体，结合技术维度、新颖性维度、资源获取难易度对服务创新进行了五级别的分类，从理论和实践操作层面丰富和完善了服务创新的理论。

互联网技术改变了组织和顾客的关系，更改变了顾客需求，组织的变革和创新也要根据顾客需求而改变；在参与型服务创新趋势下，有必要从顾客需求的角度入手对服务创新特征进行分类。

本书基于服务创新视角，结合顾客需求理论，提出顾客参与服务创新分类解释。即按顾客需求层次的不同，将企业所提供的服务区分为核心服务和衍生性服务。企业所提供的，满足顾客对于服务产品的基本需求的，称为核心服务，如：亚马逊和京东是电商，其核心服务在于为顾客提供质优价廉、选择丰富的产品。对于这类服务，顾客的需求往往是显性的。而在互联网环境下，顾客需求的层次逐步提高，已经不仅仅满足于选购心仪的产品，还有选择时的视觉体验，购买后的快速得到产品，售后交流的受尊重感，就是对衍生型服务的需求，这类需求往往是隐性的，但却是决定顾客购买决策的重要因素。如京东在做好网络购物平台的同时，积极搭建快捷物流服务，这种创新提前满足了顾客对网购物流的体验和便捷化细化的需求。[188]

顾客的需求能否得到满足和顾客参与有重要的关系，顾客获得满意的服务是因为与企业有着良好的信息交流[189]；参与越多，也越容易对服务作出评价，并从自身寻找失败的原因；顾客的参与还能拉近与企业的距离，企业更容易获得顾客的正面态度[190]，所以顾客参与对于顾客需求的满足有着重要的联系。本书将顾客参与程度与顾客需求维度进行结合，提出服务创新的四维度分类：低参与度核心服务创新、低参与度衍生型服务、高参与度核心服务创新、高参与度衍生型服务创新。企业除了核心服务创新外，更在于对顾客更高层次需求予以满足的衍生型服务的创新，如京东网，其核心服务就是为顾客提供性价比高的商品，而衍生型服务包括线上客服、自有物流、白条金融等。顾客通过互联网平台，自行选择商品，进行银行卡绑定、物流查询、支付等传递服务的线上服务创新（低参与度核心服务创新）；顾客注册会员，提供基本信息，京东网根据顾客的购满频次，通过大数据进行使用习惯的计算，推送相关产品的链接和促销邮件（中参与度核心服务创新）；提供用户晒单、分享心得的板块，为其他用户提供购买参考（高参与度核心服务创新）；根据消费者的反馈，咨询的需求，搭建线上客服平台，实现从查询订单、配送、退换货、账户安全等一系列完善保障服务（低参与度衍生型服务创新）；根据顾客消费记录、贡献等引入信用机制，推出京东白条互联网金融产品（中参与度核心服务创新）；搭建社区平台，构建用户个人社交圈、组织线上线下活动（高参与度核心服务创新）。

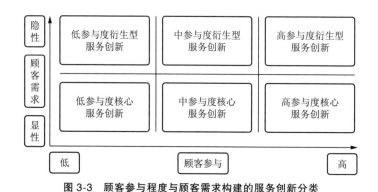

图 3-3 顾客参与程度与顾客需求构建的服务创新分类

第三节 顾客的资本参与驱动服务创新内涵及阶段演进模型

一、顾客的参与驱动服务创新内涵

当下，全世界的互联网服务业正经历飞速的创新和发展，互联网企业更是不断利用顾客参与所产生的大数据，频繁地与顾客互动并实现了突破性的创新。如谷歌等公司，在短短几年时间内从单一的互联网搜索服务提供商，变身为世界最为著名的互联网信息整合服务提供商，并且其推出的安卓作为免费的手机操作系统，更是占据了智能手机生态圈的半壁江山。近年来的大数据和智能穿戴产品又频频动作，加速了物联网格局的形成。反观国内，百度、阿里巴巴、腾讯、小米等互联网企业也取得了类似的成功，如阿里巴巴从单纯的电商，衍生出金融业务——余额宝，该产品的推出颠覆了银行及其他互联网金融服务商的传统理念。诸多成功案例反映出有别于制造业及传统服务业的内涵：它们都反映了开发活动的创新和以顾客为中心的创新理念。

本书认为，上述互联网服务组织的成功创新现象，本质上可以总结为：由顾客需求所演变而来的参与型服务创新，即借由互联网技术，通过不同程度的顾客参与，企业围绕满足顾客显性需求的核心服务的创新，面向满足顾客关联性隐性需求而持续有效地创新和开发衍生型服务，并将其高效地转化为核心显性服务，从而实现服务创新与顾客利益需求过程相互融合的创新发展方式和创新驱动过程。

在其特征层面也具有相应的创新驱动内涵，在基本特征和应用特征分别体现为以下方面：第一，环境条件。互联网技术创新、新兴商业模式不断涌现，个人移动终端的大量普及，加快推进了互联网经济的全面崛起，顾客参与服务创新的本质与此趋势高度吻合，协同促进企业创新发展成为可能。第二，思维方式。共享、互连、平等的互联网思维正深入各个层面。第三，价值创造。顾客参与服务创新强调价值网络和服务生态系统的完善，这将更有效、高效地促进企业服务创新。第四，发展方式。它通过持续有效的吸纳、管理顾客所拥有的资源禀赋，持续有效且高速地转化为服务创新的动力。应用特征和创新内涵在于：第一，适用领域。顾客参与服务创新更适合于互联网服务业，因为它们大多采用开放的平台型商业模式，且能利用互联网引入顾客资本，高效、快速、低廉地发现隐性需求和创新开发衍生型服务。第二，企业方面。国外的谷歌，国内的阿里巴巴、腾讯、小米等企业，都是成功的范例，代表着服务创新驱动的新趋势。第三，典型商业模式。大部分采用了开放的平台型的商业模式，有的企业辅以"线上网络——线下实体"的双渠道融合模式，如苏宁易购，神州租车等。第四，顾客方面。开放的平台化模式将顾客的定义多元化，入驻商家、金融机构、物流供应商、消费者等都被视为服务对象。平台企业通过让多元化的顾客参与创新过程，通过转化利用其资本禀赋，高效地驱动整个体系中的绩效共创过程。第五,参与者关系。顾客参与服务创新可使平台企业和顾客各方形成互惠关系,满足各方需求,促进服务生态系统的可持续发展。

二、顾客参与驱动服务创新阶段演进模型

根据上文对顾客参与服务创新的内涵界定,其过程可以分为三个阶段:核心服务及其服务平台的优化创新开发,衍生型服务及其平台的构建转化,核心和衍生型服务平台的融合集成。

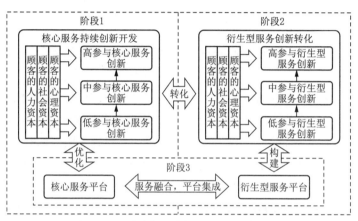

图 3-4 顾客参与驱动服务创新三阶段模型

由图 3-4 可知,在阶段 1 中,企业通过持续不断的优化核心服务平台,根据顾客资本的投入,不断进行服务及平台的创新,进而开发出衍生型服务平台。在阶段 2 中,企业将衍生型服务平台正式推向市场,并在不断利用顾客投入的资本,调整衍生型服务及平台,进而高效地将其转化为衍生型服务。在阶段 3 中,企业得到顾客的认可,即成功转化衍生型服务并进行持续的优化,不断提升顾客体验,满足顾客需求,从而将衍生型服务更好与核心服务融合,通过实现两个服务体系和服务平台的有效整合,实现顾客需求满足和企业竞争优势的提升。

顾客参与服务创新的动机是满足不断提升的需求，顾客通过企业所构建的平台进行服务创新的参与，参与创新是以顾客的资本——人力资本、社会资本、心理资本，随参与程度的不同而不同，服务创新实现的创新层次也不同。企业通过引入顾客的资本使核心和衍生型服务及其平台体系进行不断创新迭代，进而优化改善发展相应的服务生态系统。

第四节　案例验证——阿里巴巴的顾客参与服务创新

阿里巴巴网络技术有限公司是由马云等人于 1999 年在杭州创立，如今的阿里巴巴集团已是包含多项业务的全球知名电商，旗下拥有淘宝网、天猫、聚划算、阿里云、蚂蚁金服、菜鸟网络等，并构成了开放创新、价值共创的商业生态系统。2014 年阿里巴巴总营收达 762.04 亿元，净利润达 243.20 亿元。阿里巴巴作为一家出色的互联网企业，体现了顾客参与驱动服务创新的特征，本书以顾客资本参与及其服务创新的过程为例进行分析说明。

一、阿里巴巴服务创新的顾客参与三类资本

自 2003 年成立起，阿里一直致力于搭建电子商务生态圈，积极推进结合商流、物流、信息流的大淘宝战略，淘宝网是其典型的代表。目前，淘宝网是亚洲第一大网络零售商圈，目标是成为全球首选的网络零售商圈。目前的业务跨越 C2C（个人消费者对个人消费者）、B2C（商家客户对个人消费者），并通过网络社区、微博等 SNS 的社交网络增加网购人群的黏性。

阿里这样一个典型的平台化的互联网企业，其中包含了多种零售业态，它所面对的顾客具有多元性，有直接网购的个人消费

者（如淘宝用户）、个人闲置商品售卖的消费者（如一淘商家）、企业网商（如天猫商家）、提供支付宝交易担保的银行（支付宝金融提供商）、提供物流配送的物流组织（如菜鸟驿站），等等。所以，淘宝网能够在短短五年时间（2003—2008 年）内从无到有，超越沃尔玛和 ebay 成为中国最大的综合卖场。而阿里的成功，与其顾客在服务创新中的参与密不可分。

我们可以将顾客参与阿里的服务创新同样分为三种：人力资本参与、社会资本参与和心理资本参与。其中，有形的行动、淘宝的顾客投入精力参与网购过程、在淘宝构建售卖平台和参与服务评价，都属于人力资本的参与。社会资本参与是一种关系的参与，能够描述顾客与淘宝的连接程度。注册用户、产生的更多交互数据并授权于淘宝，以及构建网购经验社区等都属于此类参与。心理资本参与是对顾客参与服务创新的态度，从肯定到积极参与，与淘宝一起克服创新的困难的态度属于此类参与。

二、阿里巴巴服务创新顾客参与分类

不同的顾客在创新的不同阶段，顾客参与的程度也不同，我们可以对阿里巴巴创新中的顾客参与进行分类：

顾客的人力资本参与从低到高包括：参与服务传递（如参与团购、网上支付、物流自提等）；分享对购物体验、产品的评价、建议或分享（如对商家服务、物流服务进行评价）；参与开发、测试、营销、内容创造（如开淘宝店、在一淘售卖二手物品、撰写试用报告）。

顾客的社会资本参与从低到高包括：注册用户与平台企业形成弱连接（如个人或商家通过注册淘宝账号完成与企业的连接）；与平台企业互动交流形成强关系（如接入新浪微博，个人交易、偏好、位置等信息授权开放于淘宝）；构建去中心化的社交圈（如构建卖家经验交流的淘宝论坛）。

顾客心理资本参与从低到高分别是：对创新的肯定和期待；对参与创新能力的自信和乐观；对创新过程坚定、不轻易放弃。

三类资本的参与为淘宝核心服务的持续创新，核心服务向衍生型服务转化迭代提供了重要的影响因素。

三、顾客参与驱动阿里巴巴服务创新的三阶段

对于顾客参与驱动阿里巴巴的创新我们同样可以用三阶段加以描述：

第一阶段：围绕核心服务——网购服务，阿里巴巴首先在2003年构建了淘宝平台，随后在大淘宝平台化的战略下，多元化的顾客积极参与，推动了淘宝迅速崛起。围绕核心服务淘宝网相继使如下部分独立化：以团购服务为主的聚划算平台；以导购服务为主的一淘平台；以B2C网购服务为主的淘宝商城即后来的"天猫"。这个阶段是平台优化，核心服务持续创新的阶段。

第二阶段，随着核心服务的完善，顾客的显性需求得以满足，同时顾客的隐性需求在顾客参与创新过程中得以清晰化，阿里巴巴构建了一系列衍生型服务平台，如支付宝、阿里旺旺、闲鱼，以提供交易担保、金融理财、闲置售卖等服务。在此阶段衍生型服务和核心服务相互转化迭代，比如支付宝成为构建阿里巴巴大淘宝战略下，商流、金融、数据中的重要一环。

第三阶段，核心服务平台和衍生型服务平台的融合。阿里实行大淘宝战略，淘宝网在2011年相继独立推出一淘、淘宝商城和淘宝集市，2013年阿里巴巴调整为25个事业部，其目的是更好地为顾客服务，但是每个平台互相又足够开放，互相共享顾客资源，构成了大的平台，同时不断导入外部的社交资源，不同平台间的顾客可以自由进入不同平台，参与服务创新。淘宝联盟就是一个电子商务营销联盟，不管是淘宝顾客还是支付宝用户都可以方便地注册连接，同时将个人的微博、网站等渠道

资源进行共享,对淘宝网内的产品和服务进行参与式的营销推广,作为回报,淘宝则向这些合作伙伴——"淘宝客"发放佣金分成。

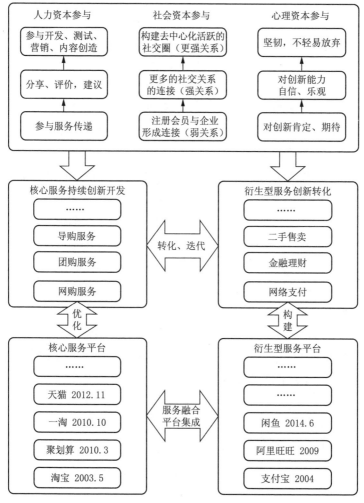

图 3-5 顾客参与驱动阿里巴巴服务创新解释模型

第五节　本章小结

本章通过对顾客资本禀赋的探讨，构建了顾客参与服务创新的维度构成——顾客人力资本参与、顾客社会资本参与、顾客心理资本参与；并集合顾客需求理论和顾客参与的强弱程度对互联网组织服务创新进行分类，划分成六个象限，分别是：低参与度核心服务创新、中参与度核心服务创新、高参与度核心服务创新、低参与度衍生型服务创新、中参与度衍生型服务创新、高参与度衍生型服务创新。

本章提炼了顾客参与对服务创新驱动的本质内涵，认为是由顾客需求演变而来的参与型服务创新，即借由互联网技术，通过不同程度的顾客参与，企业围绕满足顾客显性需求的核心服务的创新，面向满足顾客关联性隐性需求而持续有效地创新开发衍生型服务，并将其高效地转化为核心显性服务，从而实现服务创新与顾客利益需求过程相互融合的创新发展方式和创新驱动过程。在此基础上提出了顾客参与驱动服务创新三阶段模型。三个阶段分别是：服务平台支持下的顾客参与核心服务提升，顾客参与下核心服务向衍生型服务转化，核心服务平台和衍生型服务融合平台集成，并以阿里巴巴的顾客参与服务创新为例进行了说明。

第四章　顾客参与影响互联网组织
服务创新绩效机制

第一节　顾客参与和服务创新绩效的关系

一、开放创新和用户创新

上文对顾客参与的概念及驱动服务创新内涵作了研究分析，下文将通过理论研究，进一步展开顾客参与和服务创新的探讨，即提出顾客参与对服务创新绩效的影响机制并进行验证。首先，我们需要明确本书各个概念之间关系的理论基础，其中主要包括开放式创新和用户创新，明确这些理论基础后，才能进一步通过理论解释清楚相关影响过程。

（1）开放创新理论

该理论源于传统的封闭式创新受到越来越大的现实的挑战，面对经营环境的变化，企业创新能力逐渐下降，而单一实体很难掌握同一研究的全部知识；同时，互联网技术的发展，使得知识的分散化、去中心化加剧，企业需要快速捕捉消费者需求并作出反应；另外，金融资本等条件的成熟使得特有的资源不断孵化出新兴的商业组织。企业进行创新所需的知识资源位于组织之外的可能性越来越大。

鉴于此,开放式创新(Open innovation)的模式开始受到企业的关注。美国学者 Chesbrough(2004)认为企业在进行技术开发时,可以利用内外两个途径对企业的创新资源进行整合,并且通过建立相应的分享机制,如技术合伙、战略同盟等来开展创新活动。[191]这一概念的提出,使企业边界越来越模糊,同时这还将后续学者们的注意力引向了企业外部创新源。

表 4-1　封闭式和开放式创新比较

封闭式创新	开放式创新
需要行业最聪明的员工	需要内部和外部所有的聪明人通力合作
企业想要获益需要自己努力创新开发并推向市场	外部、内部皆可研发,借由分享权力和部分价值
自行研发,首先推向市场	企业可以通过自行研发以外的方式获利
最先将技术转化为产品	成功来源于充分利用内外部所有的好创意
企业创意需要行业领先	相比抢占市场先机,建立好的企业模式更为重要
牢牢控制知识产权,以防他人利用	企业从别人使用知识产权中获利;只要能够改进创新模式,也应该购买别人的知识产权

资料来源:孟书魁(2008)。

Wietze 和 Elfring(2002)认为服务的生产过程相比制造业的生产过程更为开放;顾客可以部分地影响着服务创新过程,有些则完全可以由顾客直接完成。Vandermerwe(1993)认为服务提供者和顾客间的界限是模糊且灵活的,这为组织灵活界定创新参与者及相互之间的关系提供了可能;即顾客在服务创新过程中扮演了原本属于员工的角色。[192]Piller 等(2003)认为,开发式创新是系统地从用户或顾客中收集和整合信息来进行创新、改善、规范服务与产品的过程,顾客在服务企业里担任合作设计者(Co-designer)。[193]Miles(2000)进一步提出,服务创新研究从关注个别企业内部扩大到创新网络和系统中所产生的服务创新。

外部的挑战和内部的需要可以视为，服务企业与顾客协同创新的动机。

Sakakibara（2001）提出企业需要通过知识创造和学习来完成知识的更新，这也是创新的基础，而由于开发周期长、试错成本高、研发投入大，企业需要利用外部的信息和知识来发现创新机会，降低创新风险。[194]Tether（2002）明确指出，顾客参与服务创新能够使企业收获互补性知识，使之更符合客户需求，让用户所在的社区更能接受并很好地平衡开发成本与创新绩效。[195]由此可见，顾客参与服务创新，即在开放的环境中与企业沟通，使内部运营更为高效、激发更多新的构思，能更好聚集顾客不断变化的需求，提高顾客群接受度。顾客的参与还能为创新服务提供真实的实验场景，以使企业实时获得消费者的态度与感知，帮助企业检验服务创新的市场效果，以利于进一步在市场中推广和提升服务创新绩效。

基于以上视角，顾客参与服务创新可以看成企业开放创新中重要的途径，对服务创新的绩效有着重要的积极影响；同时，互联网组织具有平台化和开放的特性，积极与顾客构建良好的生态系统思维导向是实现创新绩效的重要保证。

（2）用户创新理论

Fang（2004）从创新来源视角，认为用户创新是服务或产品的使用者进行的创新活动。[196]高忠义和王永贵（2006）认为，用户对自己使用的产品或服务提出新想法或进行改进是用户创新。姚山季和王永贵（2011）认为，只要是用户对产品或工艺的改进与创新都是用户创新，包括实施新的设备、工具、材料，工艺等。随着社会经济文化的高速发展，顾客消费能力逐步提升，对服务的需求开始越来越复杂和多变，即需求的异质性越来越强，这就要求企业须及时准确获知顾客的真实需求并及时满足这种需求。

Fang（2004）等学者强调顾客参与创新的重要价值，认为这是企业实现高水平创新绩效的重要战略选择。另外，高忠义和王永贵（2006）提出了信息黏性的概念，即信息从一个地方传递到另外一个地方所带来的"增量成本"；信息黏性大，意味着增量成本高；反之，则相反。通常，顾客掌握着自己的需求，真实、准确、具体。但在创新要求较高的情况下，特别当某项需求不能被及时满足时，便体现为企业开展创新所需的信息具有高黏性，即信息从产生地到需求地所需要的成本也较高，这使顾客表现出较强的参与完成创新的动机。[197]陈璟菁（2013）认为用户创新的优势是更快更好地满足用户复杂而微妙的需求，且可以提高新产品的开发速度并降低开发成本，这是因为：用户创新使企业避免了获得和处理有关用户需求、转移成本高昂的黏性信息；开发所需的试错过程由用户完成，进而提升开发速度；用户遵循创新工具箱的规则——即可在指定生产系统中制造出设计结果，降低了开发成本。[198]王永贵（2011）针对参与创新的用户群进行研究，发现领先用户在一种需求即将发展成大市场需求时首先察觉到该需求并能从该需求的解决方案中获得巨大收益。且领先用户能够提供创新所需的概念和数据，具有重要的战略价值，并被理论与实践研究高度关注。

基于这一理论视角，顾客参与服务创新可以看作用户提升顾客自身绩效且同时增加企业创新绩效的重要方式。另外，顾客的差异性需要组织对顾客进行分类管理，挖掘并积极培养领先顾客，这是提升创新绩效的保证。

二、顾客参与影响服务创新绩效的机制建构

本书的自变量是顾客参与、中介变量是知识转移、因变量是服务创新的绩效，这些变量同时也是复合概念，分为多个维度。根据上文的文献总结，我们仔细划分了这些变量，区分出不同的

维度。总体研究模型中我们以知识转移作为重要连接部分，本书拟深入探讨各变量之间的影响关系，并构建顾客参与、顾客知识转移、领先顾客导向与服务创新绩效的关系模型。具体而言，基于顾客三类资本的视角，将顾客参与划分为人力型顾客参与，社会型顾客参与，心理型顾客参与三个维度；将知识转移划分为顾客知识获取和顾客知识转化应用两个维度；将服务创新绩效划分为市场绩效、顾客绩效、运营绩效三个维度；调节变量为领先顾客导向。为了更精确地刻画各个维度之间的关系，一方面在研究各维度之间的直接效应时，本书关注的是顾客参与各维度对服务创新绩效各维度的差异化影响；另一方面，在探讨对应的间接影响时，本书关注的是组织内知识转移在顾客参与各维度和服务创新绩效各维度间可能存在的中介效应；第三方面探讨领先顾客导向在顾客参与维度和服务创新绩效间的调节效应；第四方面探讨互联网思维导向在顾客参与维度和服务创新绩效间的调节效应。

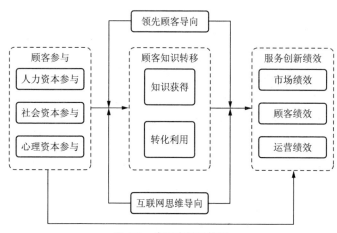

图 4-1　本研究假设模型

第二节　顾客参与影响服务创新绩效机制的主要维度与概念

一、顾客的资本参与

本书第三章已从顾客参与服务创新方式,即资本禀赋的视角进行研究分析,具体分为:顾客的人力资本参与、顾客的社会资本参与和顾客的心理资本参与三个角度。有效开发并对顾客的人力资本、社会资本及心理资本进行管理,被视为组织成功的关键。本书将顾客参与服务创新定义为:在互联网组织服务创新活动中,网络上的顾客利用自身所具有的人力资本、社会资本和心理资本参与其中,即顾客在积极的心理状态下,不仅提供其信息、知识、思想、技术和情感,同时还利用其所能触及的自身周围的各类社会资源,参与服务供应商的服务创新活动,甚至率先测试和使用新服务。

(1)顾客的人力资本参与

本书认为人力资本型顾客参与是指:在互联网服务组织的服务创新中,网络顾客利用自身所具有的经验、知识、能力、经历及技能等诸多无形资源参与其中的过程。

根据不同的参与程度,参与创新的形式也不尽相同;本书将低水平的顾客人力资本参与定义为:顾客参与服务传递,即顾客为满足自身显性需求、快速获得服务,而承担一部分企业将服务产品递送给顾客时所需承担的一部分工作,如针对互联网购物时的自助选购、在线付款等都属于此类。中水平的顾客人力资本参与是指:顾客参与时对消费过程的评价、建议、分享。高水平的人力资本参与是指:顾客投入自身的时间、经验等,承担开发、测试、内容创造甚至是对服务产品的营销等企业员工的职责。

（2）顾客的社会资本参与

本书认为社会资本型顾客参与是指：在服务创新中的行为顾客与企业，顾客与顾客间的关系构建。

本书将顾客社会资本参与按水平高低分为：低水平的顾客社会资本参与，即顾客与企业形成弱连接关系，如注册会员、保存企业信息等。中水平的顾客社会资本参与，即顾客通过线上线下的互动，将更多社交关系导入企业，与企业形成的强关系，如顾客将 QQ 或微博的账号授权给企业，企业拥有更多的顾客的社交关系，也获得了与更多同类用户接触的机会。高水平的顾客社会资本参与，即企业与顾客，顾客与顾客间构成了成熟的社交连接，成员彼此间有着共同的价值观和行为规范，如顾客与企业共建、彼此间有共同的组织目标或爱好的虚拟社区。

（3）顾客的心理资本参与

心理资本型顾客参与是指：顾客参与服务创新中，在与外部环境交互过程中拥有积极的心理态势。它能够激励顾客积极投身，也能够帮助顾客克服创新过程中的困难和挫折。

本书认为互联网组织的顾客心理资本参与分为低水平参与，是指对参与服务创新心怀希望。中水平参与是指对于自身参与服务创新自信、乐观。而高水平的参与是指顾客对创新相当积极，不轻易放弃，具有坚韧的心理特征。

二、顾客知识转移

从某一特定情境看，知识转移可以看成知识从知识源以信息的形式向接受单元转移的过程。但是深入来看，知识转移不仅仅是一个信息传播过程，而通常表现为组织学习的一个动态的过程。Gilhert 和 Cordep-Hayes（1996）认为，知识接受方通过知识获取，知识接受，最后将知识同化成自身的一部分才能算是完成了一次完整的知识转移。Davenport 和 Pmsak（1997）将知识转移归纳为知识获取、知识转化和知识应用。[199]张毅和张子刚（2005）提出跨组织的知识转移维度包括：知识获取、吸收和内化。[200]Zander和Kogut（1995）进一步指出吸收、应用并发掘知识是知识转移的一部分，通过知识转移获取知识的过程也是知识转移的一部分。[201]

故本书将顾客知识转移界定为：在特定情境中，顾客作为知识源，知识由顾客向企业流动的过程，包含顾客知识的获取及对顾客知识的转化应用。顾客知识包含两个部分：关于顾客的知识和顾客所拥有的知识。从知识的表现形式上看，可以是显性知识，也可以是隐性知识。

（1）知识的获取

关于顾客知识的获取，本书认同阮尹俐（2010）的观点，她认为顾客知识获取是企业通过与顾客的交往收集、整理顾客知识（顾客拥有的知识和关于顾客的知识），并使用专业手段进行储存和管理。获取顾客知识可通过两个渠道：交易过程中收集结构性数据；从与顾客交互作用中获得知识。交易过程中获取的数据能够识别顾客对于问题的偏好，但要通过与顾客的交互才能解释为什么顾客会采取这样的行动。通过企业与顾客之间的交互作用比如直接询问，能够了解到问题的根源、顾客的偏好、需求等。[202]

（2）知识的转化利用

知识只有通过转化才能被企业利用，所以本书认为顾客知识的转化利用是指：企业将顾客的知识吸收并内化到组织内部的过程，即通过对知识的再加工并将所产生的新知识应用到组织中。所以细分来看，这个过程可分为知识转化和知识应用两个子步骤，此处，为了强调检验的目标性，我们一齐考虑。顾客知识只有与企业环境相互作用，同时能够被企业所掌握，并能够与自己现存的知识库结合，以创造出新的知识，才能为企业所用，从而提升企业的绩效。

三、服务创新绩效

服务创新绩效是研究服务创新的关键。服务创新的理论最早来自有形产品创新，所以两种创新存在着相关性，许多学者提出服务创新的绩效测量在许多方面与产品创新相似。

企业的重要诉求是盈利，服务创新的重要动机也是盈利，传统的创新绩效方法是以财务绩效作为主要指标（如销售收入、投资回报率、利润等），或一些与财务指标密切相关的指标（如销售量、市场占有率等）作为衡量标准。一些学者通过对财务衡量和生产率的衡量来评价服务企业创新绩效。如 Cainelli 等（2004）聚焦于企业的财务绩效，其研究发现，创新企业的财务绩效要优于非创新企业的绩效。Matear 等（2004）研究了影响绩效的来源，通过关注不同市场竞争优势的来源发现：企业通过新服务开发和品牌投资可以获取竞争优势，进而影响企业绩效。可以看出，财务绩效只是创新的间接绩效。Storey 和 Kelly（2001）考查了新服务开发的评估方式后，发现创新度高的企业通过许多软性的内部指标来评估创新，如成本、开发速度和过程有效性；而低创新的企业则采用传统的财务指标来评估创新。所以，对于创新活动的评估仅靠单一维度进行评价并不能很好地体现创新绩效，要考虑从多维度进行综合分析。研究者从不同的维度对创新绩效进行分类，表 4-2 罗列了其中部分具有代表性的分类。

表 4-2　服务创新绩效维度总结

分类标准	研　究　者
财务绩效和非财务绩效	Thakur & Hale（2013）
创新过程：标准成本、有效性、速度 创新结果：财务指标、竞争力、品质	Voss（1992）
短期绩效、长期绩效、间接绩效	Herbjom & Per（2007）

（续表）

分类标准	研 究 者
财务、机会窗、市场效应	Cooper and Kleinschmidt（1987）
财务指标、关系提升、市场开发	Cooper et al（1994）
财务指标、顾客指标、内部指标	Storey & Kelly（2001）

资料来源：作者整理。

综上所述，服务创新有着自身的特点，在关注财务指标的同时，学者们也会考察市场效应和顾客的绩效。这两项也代表了企业的创新的外部绩效。同时也需要考察创新对内部运营的效果提升作用，这是一种"软性"的间接的绩效。众多学者也提到此类绩效，这些绩效也为企业提供了重要的隐性的市场竞争力。因此，参考 Storey 和 Kelly（2001）的分类，下面从市场绩效、运营绩效、顾客绩效三个维度来考虑服务创新的绩效。

本书认为服务创新绩效是指：**企业通过顾客参与服务创新所达成的效益目标。它可以分为市场绩效、顾客绩效和运营绩效。**

市场绩效是指：企业所获得的财务、竞争优势、市场份额和机会等收益。

顾客绩效是指：企业所获得的顾客满意、顾客与企业关系、顾客服务体验等。

运营绩效是指：企业所获得的创新效率、创新质量、创新能力、内部协作能力等效果。

四、领先顾客导向

张红琪（2010）认为，领先顾客是对服务创新最有价值的顾客。他们的参与对服务创新的改善有很大促进作用，是企业服务创造值得依赖的创新主体。当他们发现产品难以满足其需求时，他们可能会投入更多资源进行创新。企业可以通过吸收、鼓励、引导领先顾客参与创新，还可以引导、培育其他类型顾客转成为创新型顾客。Von Hippel（1986）认为领先顾客是在产品或服务普及之前，最早遇到这种需求，并能提前发现解决此类需求的解决方案而使自己受益的那部分消费者。Lettl 认为领先顾客有丰富的知识、能容忍开发结果的不确定性、能够通过技术网络获取开发的知识并在不断的试错过程中改进方案、有充足的资源进行研究活动。

研究证明，很多领域用户参与创新的比例很高，甚至顾客完全自主创新。这为企业服务和产品创新提供了极大的帮助，用户是企业创造中重要的源泉。学者们同时也赞同不同顾客类型间存在差异。[203] 领先用户参与到创新过程中有利于创新成功。[204] 郑文清（2010）总结顾客参与创新的优势：降低研发成本、提供更多创新的思路和资源、降低研发可能的风险。姚山季、王永贵（2012）认为，参与创新的顾客是领先顾客时，企业与顾客能形成高度联系的网格，能使用户开发出更多的创新性产品，提升企业的创新时间绩效和创新绩效。雍灏（1999）认为，关注领先用户能够获得大量领先用户的需求信息，获得发展新产品和服务的原型与概念，加速开发过程。但 Von Hippel、Rogers（1995）等许多学者已经证实，现实中的领先顾客在顾客总量中占比很小，加上诸多不确定性，这使领先顾客的作用很难发挥。于是有学者提出从普通用户中培养领先顾客。

本书认为，在企业服务创新中领先顾客的作用十分明显，对于识别领先顾客，获取并利用这部分消费者知识能对创新绩效起到重要作用。鉴于领先顾客的稀缺性，从普通消费者中引导、培养他们成为领先顾客，同样有着重要意义。故本书认为**领先顾客导向是指：企业在服务创新过程中所倡导的一种关注领先顾客的理念和氛围，并积极利用各种途径方法来识别、引导、培养其他**

顾客转变为领先顾客。

五、互联网思维导向

当前的网络环境下，以互联网技术为代表的ICT（information and communication technology）正飞速发展，消费者的需求也日趋多样化和个性化。在全球化的背景下，基于ICT创新的新型互联网产业在创造经济增长和国民财富方面的重要作用正被世界各国所认可。[205]随之而来的是"互联网思维"一词急速升温并席卷互联网企业，也包括许多传统企业。2011年，李彦宏在百度联盟峰会上首次提出这个概念，认为企业需要由互联网的方式去构想，而不是单纯从事互联网这个物理产品。该概念被迅速认可，各个领域的专家学者开始作出自己的解释，甚至将边界拓展出互联网产品和互联网企业。还有人提出"后互联网思维时代"，但这几乎都是实践领域的从业者的探讨，理论学者的声音凤毛麟角。

到底什么是互联网思维，互联网思维对企业意义何在？闫瑾（2014）在总结诸多领域的实践者的观点后认为，互联网思维是在（移动）互联网、大数据、云计算等科技不断发展的背景下，对市场、用户、产品、企业价值链乃至整个商业生态重新审视的思考方式。潘国刚和郭毅（2014）认为互联网思维是由信息技术推动，在特殊商业环境中形成的一种先进商业意识和理念；强调技术创新、竞争意识、规模效应、用户体验。[206]学者喻国明（2014）认为，互联网思维其核心思想是"互联互通"；它的出现将过去相对割裂的、分散的社会资源通过互联互通形成了新格局，它被激活而成为现在和未来社会可以创建的新的价值和新的力量和新的社会结构；海量的公共信息为用户提供极大方便，内容资源的被利用性大大增强。[207]

表 4-3 互联网思路主流观点总结

人 物	观 点
奇虎 360CEO 周鸿祎	传统经济思维无法进入互联网领域竞争。两个关键词：客户转变成用户、免费。
万达集团 CEO 王健林	这个时代哪个行业都需要互联网思维。要利用互联网思维发展传统行业，实现 O2O（Online to Offline）。
麻小熊老板 熊姝玮	互联网思维让创业梦想更容易实现。品牌是潜移默化让大家接受。
黄太吉老板 赫畅	互联网思维颠覆其他行业：成本结构、营销成本降低来源于更多粉丝互动和传播。
"新女性"蒋方舟	互联网时代女性是互联网商业第一推动力。
钛媒体	全媒体融合时代，不能故步自封，增加用户黏性和用户体验。 企业应该系统理解互联网思维，全局性地变革，理性对待。
虎嗅网	本质是"商业民主化"，即让更广泛的用户群体有话语权和选择权，资源调控不再具有垄断性，商业关系更公平和公正，核心是"用户思维"。

资料来源：闫瑾（2014）。[208]

　　Manuel Castells 用"流动的空间"来描述互联网技术对现实社会结构的冲击。[209]在全新的思维模式下，传统的信息传播的通道与路径、人与网络的关系、传播权力结构、传播格局均发生了变迁。[210]在传统模式下企业往往只关注降低成本、提高效率，以实现规模经济效益，在规模经济进入瓶颈期的当下，规模经济因素已经发挥极致，所以需要利用互联网思维来寻求突破，更好地实现创新。在企业中树立"互联互通"、注重"用户体验"等具有互联网思维特征的观念与行为，是实现用户参与、用户知识转移，进而实现服务创新的重要内部环境因素。

　　结合上文，本书认为互联网思维导向是：企业在互联网技术

创新的背景下，基于一种对市场、用户、产品、企业价值链乃至整个商业生态全新的思考方式的认可，所倡导的一系列文化环境和行为策略。其核心是：互联互通、商业民主、注重用户体验。

第三节　顾客参与影响互联网组织绩效机制各个效应构成

一、顾客参与和创新绩效的直接效应

从顾客参与和服务创新绩效之间的关系来说，本书所主要关注的是人力资本型顾客参与、社会资本型顾客参与、心理资本型参与服务创新绩效及差异化影响。

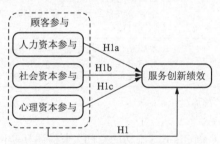

图 4-2　顾客参与对服务创新绩效效应假设

（1）顾客参与和服务创新绩效

Wernerfelt（1984）的企业资源基础理论认为，企业是由不同有形和无形资源构成的集合体，顾客是重要的外部资源，企业间的竞争力来自那些难以复制的资源和能力。

Wietze 和 Elfring（2002）以及 Vandermerwe（1993）等诸多学者认为，服务业比制造业更为开放，顾客在许多服务情境下参与服务传递过程，影响服务开发；顾客充当了"员工"的角色，服务提供者和顾客间的边界越来越模糊。Piller 等（2003）认为，可

以通过建立开放式创新模式,系统地从用户或顾客中收集和整合信息来产生创新、改善、规范服务与产品的过程,让顾客成为合作创新者。Sakakibara(2001)提出企业可以通过利用外部资源发现创新机会,降低创新风险。Tether(2002)更明确指出,顾客参与服务创新,更符合客户需求,让用户所在的社区更能接受,并很好地平衡开发成本与创新绩效。由此可见,顾客参与服务创新,在开放的环境与企业沟通,可使内部运营更为高效,激发更多新的构思,也能更好聚集顾客不断变化的需求,提高顾客群接受度。

姚山季和王永贵(2011)认为随着顾客消费能力的提升和需求多样化,其对服务需求越来越复杂和多变,需要及时准确获知顾客真实需求。高忠义和王永贵(2006)以及 Fang(2004)等学者强调顾客参与创新的重要价值,认为是企业实现高水平创新绩效的重要战略选择。另外,高忠义和王永贵(2006)认为信息黏性使企业信息传递成本增加,通过利用顾客参与能够很好地控制成本。陈璟菁(2013)认为用户创新的优势是更快更好地满足用户复杂而微妙的需求,且可以提高新产品的开发速度并降低开发成本,这是因为:用户创新使企业避免了获得和处理有关用户需求、转移成本高昂的黏性信息。

经过上述分析,可以得出以下假设:

假设 1:顾客参与对服务创新绩效存在显著正向影响。

(2)人力资本型顾客参与和服务创新绩效

从企业角度看,人力资本主要包括员工的知识、技术能力等,而这些能力由员工的教育水平、专业知识存量、经验及培训经历综合作用形成。[211]在企业服务创新中,对顾客的人力资本就格外需要。若顾客具有丰富的经验、技能和知识等,其人力资本有较高的水平,则更容易与企业中的各个部门,如设计、工程、质检、采购营销甚至制造部门的人员合作，促进或影响顾客参与企业产品研发活动。[212]此时，由于有着丰富的人力资本保证，顾客向企业提供信息或与企业合作服务创新都会非常顺利。一方面，顾客与企业频繁的信息交流和知识互动，对企业收集与扩散有效的市场信息有重大意义，也使企业与顾客互动更为有效[213]，并带来更为准确的信息和知识转移。[214]获得准确的市场信息和顾客的知识转移，也会使服务创新的相关部门找到潜在问题，并能在开发的初始阶段就注意到关键问题进而缩短新服务的上市时间。另外，在企业人力资本型顾客参与下，具有创意的新服务就非常容易成功；因为，顾客提供给企业的是黏性信息或直接参与开发，这类信息或直接参与开发的内容，都包含了对新服务的深度见解。学者 Hanna 等（1995）也提到了类似的观点。[215]顾客利用自身具有的人力资本参与服务创新，还会使企业内的相关职能部门的员工信息互动更加频繁，这也会引发新想法和新服务的出现，进而推动双方不断地交流协作进一步提升服务创新的创新型。顾客参与对企业技术进步、商业化、产业化非常重要，保持这种良好的互动还可进一步带来产品销量的增加和竞争优势的提升。[216]Carbonell 等（2009）在研究顾客参与新服务开发绩效后，认为顾客知识与技能的参与带来创新速度和质量的提升，并提升新服务的销售绩效。Marvin E & Gioconda（2004）对电子银行进行研究后发现，顾客投入自身的技能精力参与服务创新能提高服务质量和顾客满意度。[217]李媛（2013）对美发行业进行实证研究后发现，顾客通过提供信息、提供责任行为和与员工进行人际互动，提升了顾客满意度。Hubbert 等人（1996）认为顾客参与行为可分为三种：出席、信息提供与合作行为，并认为不同参与水平会导致不同的服务质量和顾客满意度。[218]

综上所述，我们提出如下假设：

假设 1a：人力资本型顾客参与对服务创新绩效存在显著正向影响。

（3）社会资本型顾客参与和服务创新绩效

在当今的互联网时代，人和人的沟通越发便捷、快速；顾客参与创新的过程中与企业形成了虚拟共同体，同时顾客与员工的角色越来越模糊，甚至被学者称为"准员工。"Luthans 等人（2004）指出，员工通过人际交往、工作关系网络及相互信任获得无形资源，通过关系网络、行为规则与相互信任帮助组织获得竞争力，取得绩效。[219]顾忠海（2008）将企业的社会资本分为内部社会资本、企业家社会资本和外部社会资本；这种资本包含横向、纵向、社会三种和企业的联系，它们是企业与外界沟通信息的桥梁和建立信任机制的非正式机制。Nahapiet 和 Ghoshal（1998）主张社会资本是由个体所连接的网络结构、具体的人际关系及成员间共享的资源构成。[220]也就是说，顾客所拥有的社会资源如果和企业联系，也会成为企业的社会资本。M. Woolcock（1998）认为企业内部社会资本可称为企业整合，外部社会资本可称为企业联合。[221]这种社会交往和联系，使企业能够有效获得市场信息，捕捉市场机会，获得更多稀缺资源，取得竞争优势。Burt（1992）指出，那些可以在社会关系网络里将多个无联系的小团体联系起来的个体，社会资本水平更高。Lin Nan（1999）认为，不同阶层的个体掌握着不同的资源，可以通过弱关系，接触甚至获得其他社会阶层所掌握的资源。每个顾客都或多或少拥有社会资源，这意味着他们能够接触甚至掌握着与其有关社群的信息与知识。在服务创新中，顾客投入个体的社会资源，意味着企业获得更多的社会资本，进而获得更多的竞争优势与运营绩效。Lin Nan 和 Coleman 等人认为，社会资本的建立目的在于获利,利益可以是物质的也可以是非物质的权利、名誉、威望的利益等,在互惠行为中,双方的这种共享的社会资本得以增加。顾客参与服务创新能获得顾客满意绩效,在顾客投入个人的社会资本、与企业互惠的同时,同样也增加了顾客绩效。

综上所述,我们提出如下假设:

假设 1b:人力资本型对服务创新绩效存在显著正向影响。

(4)心理资本型顾客参与和服务创新绩效

服务创新也是高风险和高成本过程,所以需要参与者能有充分的心理能力作为支撑。心理资本对个体、群体、组织层面的相关变量具有直接的主效应。[222] Luthans(2005)快速变化的环境使参与者面临心理的不确定感、压力感与焦虑感,良好的心态对创新参与者尤为重要。[223] 宋欣(2014)认为,作为核心的积极心理能力,心理资本是绩效增长的基本动因;高心理资本意味着寻求挑战的偏好,为新思想形成合理的方案,工作绩效、创新意识、创新行为及组织承诺间存在正相关关系。仲理峰(2007)研究表明,国内外的证据表明,心理资本对员工的绩效具有提升作用,良好的心态能展现出周边绩效。Luthans(2005)发现高心理资本的成员,能使团队的合作水平也得到增强。Avey,Patera 和 West 发现开发者的自我效能、乐观、希望及韧性程度越高,组织承诺的意愿越强,组织的绩效及周边绩效越高。赵西萍(2009)对复杂环境下员工心理资本的研究发现,心理资本对员工满意度有正向影响,企业应加强管理以获得更高的员工心理资本。[224] 顾客作为企业的"员工",需要员工的高心理资本参与,来与企业共同面对创新的复杂环境,心理资本的参与也引发更多的创新行为和创新绩效,顾客也在心理投入中获得更高的客户满意度。

综上所述,可提出如下假设:

假设 1c:心理资本型顾客参与对内部绩效有积极影响。

二、顾客参与和顾客知识转移

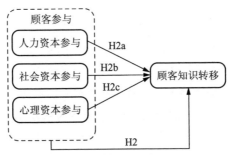

图 4-3　顾客参与对顾客知识转移效应假设

（1）顾客参与和知识获得

首先，人力资本型顾客参与和顾客知识获得之间可能存在正向影响。知识的转移需要有可以信任且知识渊博的参与者，尤其是在服务创新中顾客与企业研发团队组成联合开发小组时，不仅仅是信息知识的单向的流动，而是彼此间双向的共享。李随成和杨功庆（2008）认为，顾客的信息和知识与企业共享，是顾客和企业间建立良好稳定合作关系的重要保证，可以提高研发工作效率，并有利于双方获取新想法和新事物。携程旅游网开展的用户体验改善计划，就是让携程旅行网推出的长期客户参与计划，通过邀请用户参与，倾听用户的想法和期望，以此来改善产品和服务，解决用户使用中的问题。人力资本型顾客参与，是建构在顾客人力资本参与服务创新的基础上的，所以，人力资本型顾客参与对组织的知识获得有正向影响。

其次，社会资本型顾客参与对顾客知识获得之间可能存在正向影响。社会资本型顾客参与反映了顾客所处社会关系与企业的密切程度，这在顾客参与服务创新过程中十分重要，此时，顾客会为企业提供顾客以外的关于新服务的信息和思想。从而

会有利于企业开展各种类型的知识获取。[225]Martin 和 Horne
（1995）研究服务企业开发活动后认为，企业与顾客及其利益相
关者的关系若处理融洽，能驱动知识转移更快地发生。位于社会
关系中间位置的组织或个人具有中间人的角色，他们能够获得
更多的信息和知识，甚至控制信息和知识的流动及转移（Burt，
1992）[226]，所以顾客的社会资本参与组织的服务创新意味着组
织能够获得顾客以外的知识，高社会资本的顾客意味着与其连接
社会关系的密切，同时信任程度也高[227]，对集体的引导和示范
作用影响着知识交换和组合。[228][229]2014 年 7 月上线的"实惠"
手机应用，首创采用免费服务体验福利，用户通过推送给更多的
朋友，能更多地获得体验机会，服务体验过程即是帮助商家改进
创新的过程。由此可以认为社会资本型顾客参与有利于组织的
知识获得。

再次，心理资本型顾客参与和顾客知识获得之间可能存在正
向影响。研究发现乐观向上和充满希望，能对环境适应和面对压
力应对产生积极影响，同时也可提高员工对组织的承诺，对组织
公民行为产生积极影响，使个体勇于担责并赋予创造力。[230]参
与服务创新的顾客也是企业的"员工"。Fredrikson（1998）认为
高心理资本，能使人在特定情境下冲破限制产生更多思想。[231]
冯静等（2011）认为，高自我认知效能的人会选择挑战性任务，
而不过分在意结果，愿意投入时间和精力去转移知识。[232]Carr
提出，乐观的员工能够积极解释工作事件，易于表现出更强的创
造性。具有韧性的员工能够根据组织变革来更新自己的知识和
技能。Ellion 等（1989）认为，高心理资本的个体在知识转移过
程中倾向于展示自己的才能和智力。对于组织来说，心理资本型
顾客参与带来了更多的顾客知识的输出和传播，对组织知识获得
有影响。[233]所以，由此可以认为，心理资本型顾客参与对组织

的知识获得有正向影响。

（2）顾客参与与知识转化利用

首先，人力资本型顾客参与对顾客知识转化利用可能存在正向影响。在信息和知识为主导的新经济时代，企业对顾客知识的吸收转化能力相当重要，其中顾客的经验、技能水平等被包括进企业的人力资本中。[234]当企业的人力资本型顾客参与程度越高时，顾客在服务创新参与中的作用就越大，企业和顾客组成联合开发的团队进行学习的意愿就越明显，也更容易从外部吸收知识[235]，并有助于对这些知识的保有和进一步转化和再激活。[236]也就是说，企业可以通过对人力资本的投资，获取和吸引更多的顾客为创新贡献更多的知识，同时这也驱动着转化知识的发生。Minbaeva 等（2003）指出企业拥有高素质的员工，经过开展培训等人力资源管理，能够提升顾客知识的转化和利用能力。[237]彭艳君（2008）认为，企业越是依靠顾客的知识和资源，越是会有效利用他们。Lichtenthaler（2009）指出组织中人的因素对知识的利用有着重要影响。[238]

其次，社会资本型顾客参与对顾客知识转化利用可能存在正向影响。社会资本中的关系维度，会促进组织和部门作出努力来保证在知识探寻者和获取者之间充分理解和运用获得的知识。企业转化吸收外部社会资本是通过外部社会资本在类似"桥"的作用下进行的；Burt 提出结构洞理论，认为占据"桥"位置的企业能够比其他行动者获得更多关键信息，而不同源的信息和知识具互补性，对企业获得、转化利用外部知识无疑作用巨大。[239]也就是说，顾客将自身的社会资本参与到服务创新中，可帮助企业更多的获得外部知识，这种关系是互补和启发性的，良好的交流和沟通形成信任、规范和共同价值观，同时增强转化和吸收的效果。

再次，心理资本型顾客参与对顾客知识转化利用可能存在正向影响。Spreitzer（1995）通过研究发现，适应性强的员工，通常具有高心理水平，心理资本高的创新行为会表现出组织公民行为[240]，即有助于组织转化吸收知识，以使想法付诸实施。自我效能高、乐观、拥有希望和坚韧的个体愿意投入更多时间精力在专业知识，运用积极的方式，制订合理的目标和途径进行知识转移，积极应对困难。[241]顾客心理资本越高，越有可能促进提升顾客知识转移的效率。[242]从组织的视角看，心理资本顾客参与服务创新水平越高，意味着越有助于企业对顾客知识的转化和吸收。

基于以上的文献回顾和理论推演，可提出如下假设：

假设2：顾客参与对顾客知识转移存在显著正向影响。

假设2a：人力资本型顾客参与对顾客知识转移存在显著正向影响。

假设2b：社会资本型顾客参与对顾客知识转移存在显著正向影响。

假设2c：心理资本型顾客参与对顾客知识转移存在显著正向影响。

三、顾客知识转移和服务创新绩效

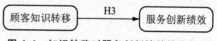

图4-4　知识转移对服务创新绩效效应假设

首先，知识获得对市场绩效可能存在正向影响。Lievens 和 Moenaert（1999）认为，顾客知识在企业内部转移有利于减少服务创新中与用户需求、竞争者、技术等方面有关的不确定性。服务企业的一个主要问题是对知识的缺乏，而知识转移过程能获取相关的知识，通过获得顾客的知识以帮助企业开发出"符合顾客需求的新服务，提升顾客感知质量"。[243]Moorman 等（1997）研究证实，高水平的知识扩散能提高决策制订和执行的效率，创造出令顾客满意的服务和产品，并提升市场竞争力。[244]Sammarra 等（2008）认为公司通过获得外界的技术、市场和管理知识，增强了公司的创新能力并提升了企业创新绩效。[245]基于以上分析，我们认为企业知识获得能影响顾客绩效和市场绩效。

许多向顾客提供知识服务的企业，花费大量资源试图找到更好管理他们知识资源的方法，通过转移和利用用户知识资源是知识管理中重要的层面；而服务创新的成功往往需要企业与众多利益相关者共同努力的结果。[246]Szulanski（1996）提出，组织转化吸收知识能够有助于取得难以模仿的组织开发能力，提升绩效。Lane 等（2001）发现，当企业获得和内化来自外部的知识时，绩效能够增加。Day（1994）研究表明，学习关于顾客及竞争者的知识会增加他们的新服务和产品被市场接纳的可能。[247]Powell 等（1996）指出，知识的转化利用能提升组织能力，并激发与已有知识的整合，进一步获得更好理解和评价技术进步的本质和商业潜力。[248]Den Hertog（2000）认为，KIBS 与顾客的互动是一个组织学习的过程即吸收利用新知识的过程，这能为创新提供条件。魏江等（2008）认为，顾客知识转移有效推动了服务创新的过程。

基于以上的文献回顾和理论推演，可提出如下假设：

假设 3：顾客知识转移对服务创新绩效存在显著正向影响。

四、顾客知识转移在顾客参与和服务创新绩效之间的中介作用

大量研究表明，顾客参与服务创新能够对企业进行顾客知识转移产生积极影响。Amidon（1997）曾提出，顾客是企业知识和

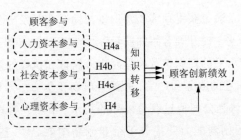

图 4-5　知识转移在顾客参与与服务创新绩效的中介效应假设

组织学习的重要来源。[249]Dawson（2000）认为，顾客参与服务创新为企业获得顾客知识提供了便利，尤其是对获得顾客的隐性知识；这种在特定情境中的顾客知识与其投入和接入程度密切相关，而这种知识转移可以通过组织与顾客的交互过程完成。徐朝霞（2013）认为，已有研究表明来自内部和外部的资源的组织知识转移，对于组织的绩效和创新有着重要的影响；KIBS企业尤其是互联网企业，需要大量的关于顾客所拥有的知识来帮助完成服务创新，这些知识包含隐性和显性知识，顾客知识能够激发服务供应商自身的创新而成为一种双向的知识转移和创新。彭正龙（2011）等，通过实证方法研究了开发创新模式下资源对创新绩效的作用，认为其中知识转移作为重要的中介变量，成为显著的影响因素。

　　创新的基础是一定程度的知识积累，服务企业与顾客在共同生产中协作和交互能够激发新的构思和创新想法，企业通过获得、转化与应用这些知识促进创新、提升绩效，也满足了消费者。

　　基于以上的文献回顾和理论推演，可提出如下假设：

　　假设 4：顾客知识转移在顾客参与和服务创新绩效间存在显著中介作用。

　　假设 4a：顾客知识转移在人力资本型顾客参与和服务创新绩效间存在显著中介作用。

假设 4b：顾客知识转移在社会资本型顾客参与和服务创新绩效间存在显著中介作用。

假设 4c：顾客知识转移在心理资本型顾客参与和服务创新绩效间存在显著中介作用。

五、领先顾客导向的调节作用

本节讨论的是，领先用户导向在顾客参与和顾客知识转移及顾客知识转移与服务创新绩效之间的调节效应，其结构如下（见图 4-6 ）。

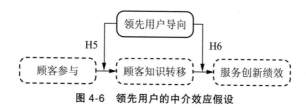

图 4-6　领先用户的中介效应假设

周冬梅和鲁若愚（2009）认为，如何鉴定顾客在创新活动中承担的角色并确认顾客应该进入何种创新阶段等都是学术探讨的重要方向。由于领先顾客有着特殊的经验，对市场上大多数人未来的需求很了解，能为企业提供很有价值的产品的设想和设计。[250]当参与创新的顾客是领先用户时，更有可能开发出具有创新性的产品，同时创造时间绩效和创新绩效。[251]由于领先顾客和企业的能力互补，与其合作能够解决信息不对称问题，充分发挥领先用户的能力和企业信息利用能力，增强解决方案的能力。Lettl、Herstatt 和 Gemuenden（2006）认为在创新初期，领先用户的参与能减少开发的不稳定和市场不确定性，领先用户首先是使用者，认为会从中获益，自己会转变角色，成为服务提供商，来生产和销售创新产品以获益。[252]由于信息的黏滞性，转移利用的成本很高，而领先客户的特征能够克服信息的黏滞性，继而提升创新绩效。

Von Hippel 认为识别领先用户十分重要，但绝非易事，可以通过四部分来完成——指定指标、设立领先用户小组、与领先用户一起构思、和测试他们的产品创意；由于创意由领先顾客提出，代表了最新的需求，通常能被大部分非领先顾客接受。Rogers（1995）认为领先顾客只占消费者总数的 2.5% 左右，加上辨识成本和不确定性因素，许多学者提出建议在普通群体中培养领先用户。[253]何国正和陈荣秋（2009）提出，通过计算顾客的能力大小来识别领先顾客的模式。[254]

进一步来看，领先顾客作为顾客群体的代表，具有超越普通客户的人力资本、社会资本和心理资本，企业通过与顾客的交互作用来获取和应用顾客的知识，但是这种频繁的交互会花费顾客和企业大量的协调成本，为了提高顾客隐性知识的转移效率，企业有必要对顾客进行筛选和培训，以提高创新绩效。

基于以上的文献回顾和理论推演，我们提出如下假设：

假设 5：领先顾客导向在顾客参与和顾客知识转移之间具有正向调节作用。

假设 6：领先顾客导向在顾客知识转移和服务创新绩效之间具有正向调节作用。

六、互联网思维导向的调节作用

本书认为互联网思维导向是，企业在 ICT 技术创新的背景下，基于一种对市场、用户、产品、企业价值链乃至整个商业生态全新的思考方式的认可，所倡导的一系列文化环境和行为策略。其核心是：构建互联互通机制，强调商业民主，注重用户体验。

互联网思维的核心，首先是互联互通，这种互联互通利用海量存储和超链接，将毫无联系的"人际网"和"资源网"建立联

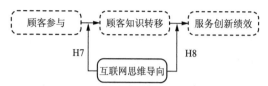

图 4-7　互联网思维的中介效应假设

系，对企业和用户都提供了极大的便利，人与人的沟通和生活协同呈现为一种无所不至的可能，使原本闲散的个人时间、智能、知识、全人际范围的资源得到最大限度的开发。尤其是移动互联网的泛在性、方便性、位置性、个人化，使得信息的传播与共享变得更为容易，快速。[255]喻国明提出新时代的"木桶理论"，认为今天自身短板提升的速度无法超越市场竞争强度，而只有注重发展自身长板，连接与自身资源相匹配的外部合作方，才能带来双赢、多赢的市场效果。[256]

其次是商业民主，即平等对待用户与合作方，它让最广泛的用户群体有了话语权和选择权，资源调控不再具有垄断性，用户价值、员工价值、合作方价值，甚至社会价值得到最大限度的提升。在互联网思维导向下，关键是打破信息壁垒，填平企业与顾客间、企业内部的沟壑，信任才能建立，才能展示真正的实力，形成真正的凝聚力。

再次是用户体验，信息技术使商业时空维度被无限地拓展，信息转移的成本骤降，企业间的竞争日益加剧。《哈佛商业评论》指出：一个满意的顾客引起八笔潜在交易，至少一笔成交；一个不满意的顾客会影响二十五人的购买意向；争取一个新顾客成本是保持一个老顾客的五倍。基于六度分割理论所指明的效应，顾客的影响力被放大。信息技术同样满足了长尾理论的前提，少数用户的需求也得到了企业的重视，小众市场也能成为企业的重要利润来源。

综上所述,注重营造一个具有互联网思维的组织环境,确立符合互联网思维的行动策略,将会使更多的用户知识为企业所获得,所利用,并转化为服务创新绩效。

基于以上文献的回顾和理论推演,我们提出如下假设:

假设 7:互联网思维导向在顾客参与和顾客知识转移之间具有正向调节作用。

假设 8:互联网思维导向在顾客知识转移和服务创新绩效之间具有正向调节作用。

第四节　本章小结

本章共分三个部分。第一部分通过分析本书的理论基础——开放创新理论和用户创新理论,提出本书的理论模型,以此探讨顾客参与对互联网服务创新绩效的作用机制。第二部分将本书课题所涉及的主要概念进行阐述,主要维度进行界定和区分。具体来说,本书在结合已有的研究文献的基础上提出了顾客参与服务创新的定义,并基于顾客资本禀赋和顾客参与服务创新的特征将其划分为顾客人力资本参与、顾客社会资本参与和顾客心理资本参与三个维度;在前人对顾客知识转移的研究基础上,提出了顾客知识转移的界定,将其划分为顾客知识获取和顾客知识转化利用;在已有服务创新绩效的研究基础上,区分了市场绩效、顾客绩效和运营绩效三个维度。另外,在 Rogers、喻国明等人的研究基础上提出领先用户导向和互联网思维导向两个调节变量。第三部分,根据所提出的理论概念模型和研究框架提出本书的研究假设,详见表 4-4。

表 4-4　研究假设汇总

	假　设　内　容	
H1	顾客参与对服务创新绩效存在显著正向影响	直接效应
H1a	人力资本型顾客参与对服务创新绩效存在显著正向影响	
H1b	社会资本型顾客参与对服务创新绩效存在显著正向影响	
H1c	心理资本型顾客参与对服务创新绩效存在显著正向影响	
H2	顾客参与对顾客知识转移存在显著正向影响	
H2a	人力资本型顾客参与对顾客知识转移存在显著正向影响	
H2b	社会资本型顾客参与对顾客知识转移存在显著正向影响	
H2c	心理资本型顾客参与对顾客知识转移存在显著正向影响	
H3	顾客知识转移对服务创新绩效存在显著正向影响	
H4	顾客知识转移在顾客参与和服务创新绩效间存在显著中介作用	中介效应
H4a	顾客知识转移在人力资本型顾客参与和服务创新绩效间存在显著中介作用	
H4b	顾客知识转移在社会资本型顾客参与和服务创新绩效间存在显著中介作用	
H4c	顾客知识转移在心理资本型顾客参与和服务创新绩效间存在显著中介作用	
H5	领先用户导向在顾客参与和顾客知识转移间存在显著正向调节作用	调节效应
H6	领先用户导向在顾客知识转移和服务创新绩效间存在显著正向调节作用	
H7	互联网思维导向在顾客参与和顾客知识转移间存在显著正向调节作用	
H8	互联网思维导向在顾客知识转移和服务创新绩效间存在显著正向调节作用	

第五章　顾客参与影响服务创新绩效机制的数理检验

第一节　问卷设计的原则和内容

一、问卷设计的原则

问卷调查得到的数据是本书分析的主要来源，所以对问卷的设计就显得尤为重要。一般考虑问卷设计科学与否可以从四方面判断：理论构思及目的、格式的编排、测量条目和具体用词。[257]而在选择和设计具体的测量量表时，需要遵循以下原则：

第一，概念化及操作性原则。所测量的条目的操作性必须建构在正确合理的概念化基础之上。Churchill（1979）指出只有完成对测量的概念化，才能用以问卷设计。[258]也就是说，只有在仔细研究测量对象的基础上，找出一个合理的理论测量框架，才能以该框架为基础进行测量条目的具体化设计。这也是本书所遵循的原则之一。

第二，代表性原则。只有从一般的条目库（pool）中抽取的测量条目，才是有效的、具代表性的。因为自行开发测量条目内容繁杂、工作量大，且需要更为深入的信度、效度检验，所以大部分研究的变量测量都是选择已经开发的并被文献中使用过的成熟量表。鉴于本书中关于变量的测量及其信、效度已经被以往的相关文献所涉及并验证，同时较为成熟，故本书各变量的测量条目将从这些文献中进行选择。

第三，多条目原则。研究变量的测量，可以分为单条目测量和多条目测量两种。Nunnally 和 Bernstein（1994）认为，单条目测量的正确性和有效性，在心理测量学和市场营销学中的相关文献中已经受到质疑，多条目测量手段的重要性正在受到越来越多的重视。[259]所以，在测量变量的具体量表的选择上，本书遵循Churchill（1979）指出的——一个基本的科学原则应该至少通过两个以上的条目来测量某一特定概念——的原则，采用心里计量学家所建议的多条目方法来测量所有变量。

第四，信度、效度原则。信度也即是可靠性，是指当采用同样的方法对同一测量对象进行重复测量时，所得的结果所一致的程度；效度即准确性，是指在所用的工具或手段所测量出的对象的准备程度。在正式的研究活动中，所设计的测量量表必须具备相应的信度和效度，以便得到比较科学的结果。虽然本书所应用的测量量表信度和效度已经得到文献的证实，但我们在使用这些量表前，还是会结合本书所研究的背景，对它们的信度、效度进行再次的验证。

第五，客观性原则。客观性原则指的是在量表中所用的具体测量条目的表述要客观，不能带有某种倾向性，以避免对答题人的误导。因此，在对本书设计问卷时，我们尽量注意避免使用那些复杂的语句或者带有某种倾向性的引导性语句，尽力做到用语准确、具体且客观，避免表述中的多重含义或隐含某种假设，力争做到条目的表述不过于抽象。

二、问卷设计的程序

根据 Churchill（1979）所提出的对问卷开发和量表设计的原

则,本书遵循以下过程来设计研究问卷,具体分为四个不同的阶段,详见图 5-1。

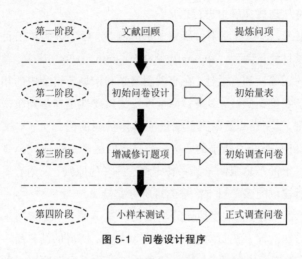

图 5-1 问卷设计程序

第一,文献回顾。通过回顾和整理顾客参与服务程序、顾客知识转移、服务创新绩效、领先顾客导向、互联网思维导向等方面的相关文献,在参考了原始量表的信度、效度及特定的研究对象基础上,提出各变量的初始测量问项。

第二,初始问卷的设计。目前国内关于顾客参与服务创新维度的研究并不多,且不统一,所以本书在借鉴前人研究的基础上,通过行业特点开发了顾客参与服务创新量表。对于顾客知识转移的量表,同样没有比较成熟的,但是可以通过借鉴组织视角的跨组织知识转移的相关量表来进行题项的选择和整合,进而实现对顾客知识转移的测量。对于服务创新绩效,目前已有较为成熟的量表,也具有较好的信度与效度,可以借鉴并根据本书的需要加以必要调整。关于领先顾客导向和互联网思维导向目前并没有成熟的量表,数量也不多,特别是互联网思维,本书借鉴了相关研究,构建并开发了两者的量表。

第三,增减修订题项。找到相关领域的专家与企业管理者,与他们进行沟通,对量表的相关题项进行修订,使量表中的题项描述更加清晰明确和简洁明了。首先,选择了十位供职于北上广等地区的互联网服务企业的管理人员进行深度访谈,考察各个变量间的逻辑关系及测量内容是否具有现实性;随后邀请了两位专家(企业管理、市场营销方向博士)进行审核,主要是对题项中的表达及可能引起歧义部分的内容进行了修改;最后,根据专家和企业管理者的意见和建议,对量表进行修改,形成初始调查问卷。

第四,小样本测试。为避免问卷设计中的缺陷影响正式调研效果,在进行大样本调研之前,先通过小规模的问卷发放进行预测试,根据被访者的反馈情况,及时对题项进行进一步的修正和纯化,以形成最后的正式调查问卷。

三、问卷内容

问卷调查法是管理学中最为常见的一种研究方法,是指通过书面或者邮件的方式,以严格的设计的测量量表让测试者填写,以搜集相关的资料和数据的方法。它有着快速有效、质量高、可行性强等特点。[260]同样,在该方法使用过程中,调查问卷的设计是关键,王重鸣(1990)指出,遵循设计的基本原则,根据不同的研究目的和调研对象特点决定了调查问卷的总体安排、内容和构成。所以,研究人员需要按照研究的目标和调查对象特点,来确定所需要搜集的数据和测量量表的条目并进行问卷设计。而对问卷的内容要求是:通过测量条目填写所搜集的数据要能有效度量相应的变量,还要能满足特定分析方法(结构方程模型分析和回归分析等统计方法)对数据质量的基本要求。

本书主要从顾客资本禀赋的视角研究顾客参与对互联网企

业服务创新绩效的影响，即系统研究客户参与各维度对服务创新绩效各维度的差异化影响，以及顾客参与各个维度通过组织知识获得、主张知识转化利用对服务创新绩效的影响机制。根据本书具体的研究主题，我们所设计的调查问卷主要包含以下几方面（见本书附录2）。第一，问卷填写的基本说明，主要包含本项研究的目标、背景、填写要求及回收的时间节点等。第二，问卷填写人的企业基本情况，主要包含问卷填写者的公司类型、城市、员工数及成立年限等。第三，顾客参与各维度的测量，包含人力资本型顾客参与、社会资本型顾客参与、心理资本型顾客参与的具体测量条目。第四，组织知识转移各维度的测量，包含知识获取、知识转化利用的具体测量条目。第五，服务创新绩效各维度的测量，包含市场绩效、顾客绩效、运营绩效的具体测量条目。第六，调节变量各个维度的测量，包含领先顾客导向、互联网思维导向的具体测量条目。

四、问卷防偏措施

本书除了部分关于填表人信息和企业基本情况外，其余题项都采用 Likert 五级量表进行测量，所以存在调查者带有主观情绪答题的可能，从而会影响问卷测量的准确性和客观性。Fowler（1998）认为，造成被调查者不能正确地回答问卷的情形主要有四类：第一，被调查者不能理解问卷问题；第二，问卷所提问题超出被调查者的信息范围；第三，被调查者对所需回答的问题不能准确回忆答案；第四，被调查者拒绝回答题项。

为了尽可能规避以上造成偏差的情况，本调查采取以下措施来尽可能地避免偏差对问卷质量造成影响。[261]

第一，在问卷设计时，所有题项的都是基于对相关文献进行回顾和归纳，这样为题项提供了有力的理论依据，并由相关领域的专家和管理人员对初试问卷进行评定，对问卷中的内容、语法语义及表达方式进行修改和调整，以使问卷中的问项能够准确表达研究的意图，且尽量排除题项中难于理解或意义不明的可能性。

第二，依据本书的目标，对调研对象也设定了一定的筛选条件。尽可能选择在互联网服务业企业中服务超过两年且对企业中顾客参与服务创新和经营管理情况较为熟悉的管理人员来填写。

第三，本书考察互联网企业中近五年的顾客参与服务创新情况，目的在于减少因时间过于久远而造成被调查者对所提问题无法清晰回忆、无法准确回答的可能性。

第四，为了尽可能使被调查者能准确回答，本书都会向被调查者承诺调查的目的是学术研究而非商业，故不会涉及商业秘密，所填问卷也不会用于商业用途。通过以上这些措施来增加被调查者填写问卷的意愿，且保证信息的真实性。

第二节　变量测量

本书涉及三个核心概念：顾客参与、知识转移、服务创新绩效。其中，顾客参与分为三个维度：人力资源型顾客参与、社会资本型顾客参与、心理资本型顾客参与。知识转移分为两个维度：知识获得、知识转化利用。服务创新绩效分为三个维度：市场绩效、顾客绩效、运营绩效。另外两个调节变量是：领先顾客导向、互联网思维导向。因此，本书最终需要测量的变量是十个。通过文献回顾，可发现学者们在以往的研究中已经对这十个变量有过相关的研究。所以，本书对这些变量测量量表的设计主要是在阐述问卷设计原则和回顾现有文献的基础上，并结合部分企业的访谈、内容信效度的检验等加以综合确定。

一、自变量测量

根据第三章提出的概念模式和研究假设,本书中包含十个变量,其中自变量三个,中介变量两个,因变量三个,调节变量两个。自变量包括:人力资本型顾客参与、社会资本型顾客参与、心理资本型顾客参与。中介变量包括:知识获得、知识转化利用。因变量包括:市场绩效、顾客绩效、运营绩效。调节变量包括:领先顾客导向、互联网思维导向。本书所采用的各变量的测量题项部分来源于相对成熟的量表,部分根据本书研究的实际需要结合和企业管理人员的访谈结果获得。下面对各变量逐一梳理其相关检测项。

(1)人力资本型顾客参与

鉴于人力资本性顾客参与是顾客基于自身所拥有的人力资本来参与互联网企业服务创新,因而在测量时,我们主要按照人力资本视角进行考虑。Guthrie(2001)认为,人力资源包含于智力资本中,是受到学术界重点关注的一个维度,它包含了存在于个体内部的全部显性和隐性资产,可以从个体所拥有的知识的视角进行测量。[262]Bontis(1998)则认为,人力资本是员工的知识、信息及其个体代表企业利益所形成的综合体,是企业从个体成员所拥有的知识中提取最佳的方案的能力。苏方国(2011)主要从年龄、教育程度、任职期限等方面来测量这一变量。[263]Polaiiyi(1966)认为顾客知识可分为显性知识和隐性知识。刘黎(2010)认为,显性知识包含个体的信息数据、对服务的评价,较为容易测得,隐性知识包含经验、技能、灵感、直觉等。Bassi和VanBuren(1999)则认为,人力资本包含智力资本,是指员工和管理者所拥有的知识、技能和经验。借鉴以上文献,同时结合本书的实践情况,对于人力资本型顾客参与的测量,我们初步设计出如表 5-1 所示的 5 个条目。

表 5-1　人力资本型顾客参与测量条目

序号	条　目　内　容	文献来源
RL1	顾客利用自身信息参与企业服务创新	Bassi & VanBuren（1999），Daniel & Femado（2003），刘黎（2010），苏方国（2011）。
RL2	顾客利用对服务产品的体会和评价参与企业服务创新	
RL3	顾客利用自身的所掌握的技能与经验参与企业服务创新	
RL4	顾客利用自身的灵感与创意参与企业服务创新	
RL5	顾客利用自身的直觉参与企业服务创新	

（2）社会资本型顾客参与

由于社会资本为企业服务创新所需的知识提供了分享和交换的渠道（宋欣和周玉玺等，2014），所以我们考虑的是顾客与企业间的关系与渠道的属性。参考以往的研究，对社会资本常常从结构维度、关系维度和认知维度进行研究（Nahapiet and Ghoshal，1998）。结构维度可以从个体以外社会资源的联系频繁程度、密切程度，及数量的社会资源参与来测量（Uzzi，1996；Tsai and Ghoshal，1998；McFadyen and Cannella，2004；Yli-Renko and Autio et al.，2001）。关系维度可以用双方的信任、真诚合作、信守诺言等来测量（Tsai and Ghoshal，1998；Yli-Renko and Autio et al.，2001）。认知维度可以用双方相同的价值观、拥有的共同语言等来评价（Tsai and Ghoshal，1998）。国内学者周劲波和黄胜强调了沟通模式、良好的互动关系、自由交流空间、共同归属感和一致的奋斗目标的重要作用。在衡量方法中，社会网络分析方法可衡量关系网络中的节点数量、质量和网络地位，但由于网络边界和群体抽样的不便，考虑本书主题，故参考衡量顾客间、顾客与组织间的关系质量。本书是以企业的视角考虑顾客参与问题，故参考前人的研究，我们初步设计出如表 5-2 所示的 6 个条目。

表 5-2　社会资本型顾客参与测量条目

序号	条　目　内　容	文献来源
SH1	顾客的关系网络与企业形成良好的沟通模式	Nahapiet & Ghoshal（1998）、Yli-Renko & Autio et al.（2001）、McFadyen & Cannella（2004）。
SH2	顾客相互之间形成有良好的交互活动	
SH3	顾客与企业建立了良好的互惠关系	
SH4	顾客与企业在服务创新过程中形成共同的归属感	
SH5	顾客与企业在服务创新过程中有共同的奋斗目标	
SH6	顾客与企业在服务创新过程中创造了共享的语言	

（3）心理资本型顾客参与

由于社会资本型顾客参与是顾客基于自身积极的心理来参与企业服务创新的。因而在测量时，我们主要从社会资本视角进行考虑。Goldsmith、veum 和 Darity[264]认为心理资本由自尊和控制点构成。Luthans、Jensen 将心理资本分为希望、乐观和韧性三种积极心理状态。Luthans、Youssef 和 Avolio 认为心理资本由自信（自我效能）、希望、乐观、坚韧性四维度构成，并编制了量表，且被大部分学者所认可，所以本书借鉴四维度的构成。我们初步设计出如表 5-3 所示的 4 个条目。

表 5-3　心理资本型顾客参与测量条目

序号	条　目　内　容	文献来源
XL1	通常顾客相信自己有能力参与到企业服务创新中	Page et al.（2004）、Luthans et al.（2005，2007）、Luthans et al.（2007）。
XL2	顾客相信积极参与到企业服务创新中才能使创新成功	
XL3	顾客对参与企业服务创新而获得创新成功充满希望	
XL4	顾客尝试解决企业服务创新中各种难题，不轻易放弃	

二、中介变量测量

（1）知识获得

其属于中介变量，在已有的研究中，针对顾客知识转移的并不多，从本质上看，这属于跨组织知识转移的一种类型，所以可以通过借鉴组织间知识转移的研究，并结合顾客知识转移的特点设计出相应的量表。

Jayachandran 等（2004）[265]使用 5 个题项探讨顾客知识过程和顾客相应能力之间的关系，关注企业从内部、外部资源中持续从顾客的接触中获取知识。范惟翔（2001）[266]采用 5 个题项进行测量，关注成员间分享、顾客知识的反馈利用、ICT 技术及顾客数据资料的管理等。David 等（2001）[267]关注合作伙伴间的知识转移问题，一共 9 个问项，聚焦企业从合作伙伴处获取市场知识和现代经营实践能力。Ju 等（2006）[268]综合前人研究基础，提出 12 个问项，关注横向即测量知识的内外来源，纵向即新知识和原有知识的利用，也关注了转移过程即技术手段和标准化规范。故参考前人的研究，我们初步设计出如表 5-4 所示的 5 个条目。

表 5-4　知识获得测量条目

序号	条　目　内　容	文献来源
HD1	企业可以从顾客那里获得关于顾客自身相关的信息	David et al.（2001）、Jayachandran et al.（2004）、李英华（2004）。
HD2	企业可以从顾客那里获得关于顾客需求的知识	
HD3	企业可以从顾客那里获得关于现有服务的体验与评价的知识	
HD4	企业可以从顾客那里获得关于改进建议的知识	
HD5	企业可以从顾客那里获得关于服务开发理念和技能的知识	

（2）知识转化利用

其属于本书研究中的中介变量，同样可以通过借鉴组织间知识转移的研究，并结合顾客知识转移的特点设计出相应的量表。

JayachandranJ 等（2004）对顾客知识转化利用作了测量，关注于顾客需求相关的知识。Ju 等（2006）提出了顾客知识转化的相应的指标体系。娄亦刚（2011）[269]开发的 12 个问项，同时还关注了知识转化应用的过程。徐朝霞（2013）设计的 6 个问项，同样也关注了知识转化和知识传递过程。故参考前人的研究，我们初步设计出如表 5-5 所示的 5 个条目。

表 5-5　知识转化利用测量条目

序号	条　目　内　容	文献来源
ZH1	企业可以对不同类型和来源的知识进行整合	Ju, T. L. et al.（2006），徐朝霞（2013）。
ZH2	顾客知识能够在公司内部有效传递	
ZH3	企业可以利用顾客知识解决问题和挑战	
ZH4	企业可以应用顾客知识开发新服务	
ZH5	企业可以利用顾客知识改进现有服务	

三、因变量测量

对于服务创新绩效的测量，目前尚未形成统一的指标系统，研究者大多根据自己的研究需求，来选取和测试组织或个体的创新绩效。本书是关于互联网服务企业的创新绩效的，故针对组织层面进行问项的设计。本书参考 Storey 和 Kelly（2001）以及徐朝霞（2013）的研究，将服务创新绩效分为市场指标、顾客指标和内部指标三个层面。分别从市场绩效、顾客绩效和内部运营绩效三个维度来对服务创新绩效进行衡量。故参考前人的研究，我们初步设计出如表 5-6 所示的 9 个条目。

表 5-6 服务创新绩效测量条目

	序号	条 目 内 容	文献来源
市场绩效	CW1	企业所进行的服务创新使得企业利润增加	Tidd et al.（2003）[270]，徐朝霞（2013）。
	CW2	企业所进行的服务创新使得本企业的服务更具竞争优势	
	CW3	企业所进行的服务创新使得本企业的市场占有率提高	
顾客绩效	GK1	企业所进行的服务创新使得顾客满意度提高	Storey 和 Kelly（2001），徐朝霞（2013）。
	GK2	企业所进行的服务创新使得顾客体验提高	
	GK3	企业所进行的服务创新使得顾客的忠诚度提高	
运营绩效	NB1	企业所进行的服务创新使得服务质量提高	Hipp et al.（2000），徐朝霞（2013）。
	NB2	企业所进行的服务创新使得企业的服务生产效率提高	
	NB3	企业所进行的服务创新使得内部协作加强	

四、调节变量测量

（1）领先顾客导向

本书研究的是，企业所倡导的关注领先顾客的氛围，及对这部分顾客的识别、引导，或将其他顾客培养转化为领先用户的行动，所以更多参考的是领先顾客的相关理论研究。Von Hippel 的领先顾客理论提出：这部分顾客对于服务供应商有着重要的作用，所以企业必须重视和寻找领先顾客，并研究了如何识别领先用户的过程维度[271]。叶三龙（2013）构建了四维度的网络社区领先用户特征，并构建聚类分析法来挖掘领先用户[272]。范秀成（2014）进一步发展并提出企业通过内在激励（兴趣、自我实现等）和外在激励（创新平台、金钱、社会认可等）两个维度来引导顾客参与。为提升普通顾客的知识、创新、沟通、合作四大能力，企业需要赋予顾客利益与条件，使其转化为领先顾客。故参考前人的研究，我们初步设计出如表 5-7 所示的 5 个条目。

表 5-7　领先顾客导向测量条目

序号	条　目　内　容	文献来源
LX1	企业积极识别领先顾客	Von Hippel（2001 [273]，2005[274]），何国正（2008），范秀成（2014）[275]。
LX2	企业与领先顾客密切合作	
LX3	企业制订并实施激励领先用户参与创新的策略	
LX4	公司提供条件并激励普通顾客使其转化成领先顾客	
LX5	企业积极培训普通顾客使其转化为领先顾客	

（2）互联网思维导向

互联网思维是个十分新颖的概念，目前更多的是实践领域的探讨，可供参考的理论资料并不多，实证研究更是凤毛麟角。本书认为互联网思维导向是基于一种对市场、用户、产品、企业价值链乃至整个商业生态进行全新思考的方式认可，所倡导的一系列文化环境和行为策略。邵天宇（2014）通过扎根理论梳理了顾客导向、价值原则等 14 个范畴 49 个主要概念维度。潘国刚等（2014）认为互联网思维包含：具有竞争意识、强调技术创新、强调规模效应、强调用户体验等四个方面。张军辉（2015）将其归结为用户体验、先机意识、全球视野、市场观念、众包众筹等六方面。[276]魏玉山（2014）将其归结为便捷、表达、免费、数据思维、用户体验四个维度。[277]张英军（2014）基于互联网去中心、无边缘的网状特质而提出互联网思维涵盖开放、平等、协作、分享等精神，以及由此衍生出的用户至上、体验、互动、参与、极致、简约、微、便捷、流量、众包、迭代等要素维度。[278]喻国明（2014）认为互联网思维下，其本质是互联互通，包含"众包"生产方式，多元化、嵌入式分发渠道和传播方式，无限贴近用户需求的变革方向。本书参考前人的研究，我们初步设计出如表 5-8 所示的 5 个条目。

表 5-8　互联网思维导向测量条目

序号	条　目　内　容	文献来源
HL1	企业倡导互联互通精神，并积极践行。	喻国明（2014），魏玉山（2014），张军辉（2015）。
HL2	企业倡导平等民主的商业氛围，并积极践行。	
HL3	企业倡导注重用户体验的文化，并积极践行。	

第三节　问卷调整、预测试和小样本检验

在对本书的理论模型进行大样本调查前，为提高问卷的信度和效度，我们首先进行了深度访谈，且对问卷的内容进行一定的调整。在此基础上选择适量的样本进行预调查，并对问卷进行进一步的修正，从而减少问卷的错误，提高整体的准确性，以便于后期将问卷用于大样本的正式调研。

一、问卷预试

（1）深度访谈

在调查量表初步确定后，为进一步调整、修改某些题项，使其更易被理解，我们邀请了管理学学者和互联网服务企业的负责服务开发活动的管理人员进行深度访谈。深度访谈不但被应用于社会学领域中，在经济学和管理学领域中同样被高度重视。Wengraf（2001）认为深度访谈也即半结构式访谈（Semi-structured interview），具有如下特征：事先需准备好访谈问题，访谈活动是与被访者的共同产物（Joint production），所以在访

谈过程中访问者可根据实际情况作一些微调；由于访谈前已经明确比较完整的访谈内容，所以容易深入事实内部，达到预期效果。本书采用这种半结构式的访谈来确定量表条目，可避免访谈内容大而空泛，也为进一步的调整提供了空间。

　　本书由一名博士、两名硕士组成访谈小组，在精心准备的基础上推进整体访谈进程，具体步骤如下：首先，选择合适的访谈对象，利用相关的社会资源，秉着代表性和合适性的原则，选择两位管理学博士对题项进行语义语法上的修正，并通过上海多媒体行业协会联系，选定十位从事互联网服务业的管理人员为访谈对象。选择的访谈对象符合以下标准：第一，对象参与企业某项服务创新的整个过程；第二，访谈对象之间的职责具有互补性；第三，每家企业至少有一名项目总监和部门经理参与访谈。具体访谈对象信息如表 5-9 所示。

表 5-9　互联网服务业管理访谈人员构成表

企业类型	人数	性别	职务	工作年限	年龄	学历
某互联网教育服务企业（天道）	2	男	副总经理	20	42	本科
		男	部门经理	5	31	研究生
某互联网金融服务企业（房金所）	3	男	项目总监	10	38	研究生
		男	部门经理	11	32	本科
		女	经济师	3	30	研究生
某互联网信息服务企业（携程）	3	男	项目经理	6	34	本科
		女	部门经理	3	25	本科
		男	部门经理	2	24	本科
某互联网技术服务企业（微软）	2	男	项目经理	6	33	研究生
		男	项目经理	3	25	本科

其次，确立访谈提纲，也即访谈进度表，它是顺利实施深度访谈活动的直接依据。本书遵循以下原则：第一，依据文献回顾的结果拟定；第二，根据研究的具体目标和所探讨的具体问题拟定。考虑本书的研究特点及提纲的确定原则，我们制订了详细的访谈提纲，详见本书附录1。

接着，开展访谈活动。第一，开展集体访谈。邀请所有被测者，采用面对面的方式，根据事先拟定的访谈提纲，对所有受访者进行集体性的深入探讨，并作好详细记录工作。第二，进行单独访谈。根据访谈提纲，对受访者采用面对面的方式，单独访谈，特别是对个别问题进行详谈探讨并作好相关记录。第三，再次进行集体访谈。在以上步骤的基础上，对10名受访者再次进行集体访谈，主要是将上述的访谈结果进行总结，对一致性的观点加以明确，同时对未能取得一致的部分进行重点讨论。经过上述访谈过程，受访者对本书所关注的重要维度有了一致和清晰的认识。受访结果与经文献综述和理论推导而得到的假设一致，顾客参与互联网企业服务创新对企业的创新绩效有一定影响。另外，企业积极进行顾客知识的获取和转化利用，会对顾客参与背景下的服务创新绩效有所提升。这充分说明了知识转移在上述关系中有可能存在中介效应。

最后，进行内容效度的检验。内容效度（Content validity），也叫表面效度或逻辑效度，是对量表条目的特定测量任务优劣程度的客观而系统的评价，即测量内容或条目与测量目标之间的适合性和逻辑相符的程度；内容效度是科学研究初步的实证有效程度，它通常由该领域的专家进行判断确定。[279]所以，邀请相关的专家和学者检测测量条目是否已经对被测变量全部覆盖，是极为必要的。本书为确保内容效度达到预期效果，采用如下步骤：

第一，翻译、转译以确保语义的一致性。本书所引用量表大多源自国外文献，对相应的量表条目进行翻译，在形成中文量表的基础上，再请一位曾在英国攻读管理学硕士的中国留学生将中文翻译成英文，与原有量表进行比对，如出现差异，则重复上述步骤，直到所有条目基本一致。

第二，征求专家意见。问卷形成初稿后，我们又邀请了两名管理学的研究人员对问卷进行审核，并根据其意见进行相应的修改。

（2）预测试问卷的收集

预测试是指在正式问卷形成之前的小范围的测试，以期获得对问卷效果的初步感受，从而为进一步完善问卷及获得有价值的数据提供依据。预测试是在 2014 年 5—6 月，利用上海的几所高校（东华大学、上海海事大学）的 MBA 上课现场发放问卷，然后收集汇总进行小样本测试。在本次预测试阶段总共发放了 155 份调查问卷，现场回收 113 份问卷，剔除无效问卷后，最终回收有效问卷 95 份，有效问卷回收率为 61%。

（3）预测试问卷的描述性统计

Kline（1998）提出，偏度的绝对值要小于 3，峰度的绝对值要小于 10，这样才表明样本基本服从正态分布。而样本数据服从正态分布是参数统计的前提，所以本书首先需要检验数据的偏度和峰度值。使用 SPSS 软件对小样本测试采集的各个测量题项的均值、标准差、偏度、峰度进行测量，结果如表 5-10 所示。结果显示：小样本获得的各测量题项偏度的绝对值都小于 2，峰度的绝对值小于 3，都满足了 Kline 所提出的要求，即数据是服从正态分布的，因此可以进行下一步的检验。

二、调查问卷的小样本检验

统计学上用稳定性和可靠性来评价量表的信度，大部分学者采用的是 Cronbach's a 值，来对量表进行信度的衡量。通

表 5-10　小样本数据的正态分布检验结果

题项	N	均值		标准	偏度			峰度	
	统计	统计	标准	统计	统计	标准		统计	标准
RL1	95	3.67	0.097	0.936	−0.580	0.250		−0.521	0.495
RL2	95	3.38	0.109	1.052	−0.467	0.250		−0.333	0.495
RL3	95	3.60	0.100	0.968	−0.589	0.250		−0.092	0.495
RL4	95	4.08	0.093	0.900	−0.791	0.250		−0.054	0.495
RL5	95	3.53	0.108	1.038	−0.371	0.250		−0.391	0.495
SH1	95	4.06	0.101	0.972	−0.923	0.250		0.504	0.495
SH2	95	3.29	0.091	0.879	0.077	0.250		−0.292	0.495
SH3	95	3.42	0.106	1.025	−0.428	0.250		−0.517	0.495
SH4	95	3.87	0.075	0.726	−0.321	0.250		0.055	0.495
SH5	95	3.50	0.103	0.985	−0.858	0.250		0.465	0.495
SH6	95	3.75	0.082	0.780	−0.638	0.250		0.281	0.495
XL1	95	3.89	0.082	0.779	−0.357	0.250		−0.152	0.495
XL2	95	3.93	0.083	0.798	−0.389	0.250		−0.235	0.495
XL3	95	3.83	0.093	0.885	−0.654	0.250		0.207	0.495
HD1	95	4.09	0.089	0.856	−0.658	0.250		0.587	0.495
HD2	95	3.72	0.085	0.832	−0.868	0.250		0.925	0.495
HD3	95	3.93	0.099	0.845	−0.830	0.250		−0.045	0.495
HD4	95	3.84	0.092	0.874	−0.639	0.250		−0.526	0.495
HD5	95	3.74	0.096	0.903	−0.389	0.250		−0.055	0.495
ZH1	95	4.08	0.086	0.868	−0.820	0.250		0.465	0.495
ZH2	95	3.95	0.089	0.740	−0.659	0.250		0.280	0.495
ZH3	95	3.65	0.091	0.906	−0.685	0.250		−0.151	0.495
ZH4	95	3.57	0.094	0.834	−0.885	0.250		0.055	0.495
ZH5	95	4.39	0.087	0.953	−0.787	0.250		0.465	0.495

（续表）

题项	N	均值		标准	偏度		峰度	
	统计	统计	标准	统计	统计	标准	统计	标准
CW1	95	4.23	0.090	0.720	−0.654	0.250	0.254	0.495
CW2	95	3.63	0.102	0.797	−0.370	0.250	−0.521	0.495
CW3	95	3.92	0.078	0.983	−0.984	0.250	−0.517	0.495
GK1	95	3.51	0.092	0.934	−0.685	0.250	−0.292	0.495
GK2	95	3.63	0.088	0.984	−0.487	0.250	−0.562	0.495
GK3	95	3.92	0.095	0.764	−0.255	0.250	0.280	0.495
NB1	95	3.91	0.078	0.946	−0.378	0.250	0.239	0.495
NB2	95	3.95	0.084	0.874	−1.248	0.250	0.283	0.495
NB3	95	3.72	0.103	0.923	−0.893	0.250	−0.565	0.495
LX1	95	4.03	0.093	0.907	−0.964	0.250	0.924	0.495
LX2	95	4.21	0.072	0.978	−0.289	0.250	−0.847	0.495
LX3	95	4.33	0.098	0.736	0.006	0.250	−0.243	0.495
LX4	95	4.02	0.086	0.832	0.116	0.250	−0.152	0.495
LX5	95	3.89	0.074	0.912	−0.092	0.250	−0.537	0.495
HL1	95	4.12	0.090	0.789	−0.457	0.250	−0.55	0.495
HL2	95	4.35	0.078	0.735	−1.102	0.250	1.205	0.495
HL3	95	4.06	0.082	0.872	−0.658	0.250	0.923	0.495

常，Cronbach's a 值应该超过 0.7，才是可以接受的信度。当 Cronbach's a 值大于 0.9 时，说明因子之间的一致性相对很高；当 Cronbach's a 值在 0.7 和 0.9 之间时，说明因子之间的一致性相对较高。

（1）量表的纯化

本书按照 Churchill（1979）所建议的量表开发程序，对各变量测量量表的题项进行纯化（Purify the Measures），以确定量表中是否存在"垃圾题项"。

第一，无应答法。如果测试题项的无应答水平超过10%，就说明这个题项是不可靠的，需要被淘汰。

第二，观察各题项的Cronbach's a 值。如果此值小于0.4，则说明该构念下存在不合理的题项。

第三，通过计算修正指标总相关系数CITC值，来找出这些不合理的题项，将那些对应CITC < 0.4 或者将其删除后Cronbach's a 值能够明显提升的，进行删除。

首先，对书中的人力资源型顾客参与量表进行纯化。发现顾客参与服务创新的各测量题项的无应答水平均未超过10%。顾客参与包括三个子构念：人力资本型顾客参与、社会资本型顾客参与、心理资本型顾客参与。根据表5-11所示的CITC值和信度系数值，分别将这三个构念的测量题项进行纯化。

人力资本型顾客参与包括5个题项，其中RL5的CITC值为0.293，低于0.4，所以应该删除RL5两个题项。在RL4删除之后，可将信度系数值从0.717提升到0.73，在删除RL5之后，可以将信度系数提高到0.764，这说明纯化后量表的信度较高。

社会资本型顾客参与包括6个题项，其中SH4的CITC值为0.353，SH6的CITC值为0.372，都低于0.4，所以应该删除SH4和SH6两个题项。在删除RL4之后，可以将信度系数值从0.701提升到0.25，在删除RL5之后，可以将信度系数提高到0.743，这说明纯化后量表的信度较高。

心理资本型顾客参与包括4个题项，其中最低CITC值为0.59，最高的CITC值为0.656，都高于0.4，因此删除任何题项，都不会将信度系数提高。另外，整体量表的信度系数值是0.735，这说明量表的信度较高。

表 5-11 顾客参与信度检验结果

人力资本型顾客参与	Cronbach's a = 0.717					
	题项	RL1	RL2	RL3	RL4	RL5
	CITC	0.675	0.604	0.670	0.587	0.293
	LID	0.713	0.741	0.712	0.730	0.764
社会资本型顾客参与	Cronbach's a =0.701					
	题项	SH1	SH2	SH3	SH4	SH5	SH6
	CITC	0.587	0.595	0.542	0.353	0.580	0.372
	LID	0.612	0.637	0.649	0.725	0.713	0.743
心理资本型顾客参与	Cronbach's a =0.735					
	题项	XL1	XL2	XL3	XL4	
	CITC	0.594	0.590	0.615	0.656	
	LID	0.575	0.544	0.535	0.732	

其次，对顾客知识转移量表进行纯化。顾客知识转移的各测量题项无应答水平均未超过 10%。顾客转移分为两个子构念：顾客知识获得，顾客知识转化利用。根据表 5-12 所示的 CITC 值和信度系数值分别对两个子构念的测量题项进行纯化。

顾客知识获得共有 5 个题项，其中最低 CITC 值为 0.616，最高的 CITC 值为 0.693，都高于 0.4，因此删除任何题项，都不会将信度系数提高。另外，整体量表的信度系数值是 0.776，这说明量表的信度较高。

顾客知识获得共有 5 个题项，其中最低 CITC 值为 0.608，最高的 CITC 值为 0.687，都高于 0.4，因此删除任何题项，都不会将信度系数提高。另外，整体量表的信度系数值是 0.846，这说明量表的信度较高。

表 5-12　知识转移信度检验结果

		Cronbach's a = 0.776				
顾客知识获得	题项	HD1	HD2	HD3	HD4	HD5
	CITC	0.616	0.656	0.647	0.645	0.693
	LID	0.732	0.725	0.756	0.735	0.746
顾客知识转化利用		Cronbach's a = 0.846				
	题项	ZH1	ZH2	ZH3	ZH4	ZH5
	CITC	0.647	0.675	0.624	0.687	0.608
	LID	0.734	0.734	0.793	0.754	0.743

再次，对服务创新绩效量表进行纯化。服务创新绩效各测量题项无应答水平均未超过 10%。服务创新绩效分为三个子构念：财务绩效、顾客绩效、内部运营绩效。根据表 5.13 所示的 CITC 值和信度系数值，分别对两个子构念的测量题项进行纯化。

财务绩效共有 3 个题项，其中最低 CITC 值为 0.634，最高的 CITC 值为 0.657，都高于 0.4，因此删除任何题项，都不会将信度系数提高；另外，整体量表的信度系数值是 0.772，说明量表的信度较高。

客户绩效共有 3 个题项，其中最低 CITC 值为 0.622，最高的 CITC 值为 0.757，都高于 0.4，因此删除任何题项，都不会将信度系数提高；另外，整体量表的信度系数值是 0.893，说明量表的信度较高。

内部运营绩效共有 3 个题项，其中最低 CITC 值为 0.661，最高的 CITC 值为 0.730，都高于 0.4，因此删除任何题项，都不会将信度系数提高。另外，整体量表的信度系数值是 0.886，这说明量表的信度较高。

表 5-13　服务创新绩效信度检验结果

财务绩效	Cronbach's a = 0.772			
	题项	RL1	RL2	RL3
	CITC	0.652	0.657	0.634
	LID	0.765	0.719	0.716
顾客绩效	Cronbach's a =0.893			
	题项	SH1	SH2	SH3
	CITC	0.754	0.757	0.622
	LID	0.862	0.873	0.756
内部运营绩效	Cronbach's a =0.886			
	题项	XL1	XL2	XL3
	CITC	0.684	0.730	0.661
	LID	0.727	0.837	0.875

　　最后,对调节变量量表进行纯化。调节变量可分为领先用户导向和互联网思维导向,两个量表各测量题项无应答水平平均未超过 10%。根据表 5-14 所示的 CITC 值和信度系数值,分别对两个构念的测量题项进行纯化。

　　领先用户导向共有 5 个题项,其中最低 CITC 值为 0.591,最高的 CITC 值为 0.724,都高于 0.4,因此删除任何题项,都不会将信度系数提高。另外,整体量表的信度系数值是 0.876,这说明量表的信度较高。

　　互联网思维导向共有 3 个题项,其中最低 CITC 值为 0.634,最高的 CITC 值为 0.743,都高于 0.4,因此删除任何题项,都不会将信度系数提高。另外,整体量表的信度系数值是 0.835,这说明量表的信度较高。

表 5-14　调节变量检验结果

领先用户导向	Cronbach's a = 0.876					
	题项	LX1	LX2	LX3	LX4	LX5
	CITC	0.724	0.529	0.604	0.591	0.599
	LID	0.862	0.847	0.842	0.874	0.851
互联网思维导向	Cronbach's a =0.835					
	题项	HL1	HL2	HL3		
	CITC	0.743	0.634	0.742		
	LID	0.826	0.823	0.837		

（2）探索性因子分析

在对变量进行纯化处理后查看结果，发现顾客参与初始量表中存在不符合信度要求的题项，为了保证问卷的信度要求，删除题项 RL4，RL5，SH4，SH6。接着，要对剩下的顾客参与服务创新量表题项、知识转移量表题项、服务创新绩效题项的初始量表进行探索性因子分析。

进行探索性因子分析时，需要首先确定所收集的样本数量能够满足因子分析法的最低要求，一般而言，样本量需要是变量数量的 5—10 倍，或者样本量能够达到题量的 5—10 倍，本书的研究样本数是 300，能够满足要求。

接着，对已经经过纯化后的量表题项进行探索性因子分析（EFA）。Jayawardhena（2004）通过研究建议在做 EFA 之前，须先进行 Bartlett's 球形检验和 Kaiser-Meyer-Olkin（KMO）适当性检验，以确定数据是否适合。在 Bartlett's 球形检验中，主要判断差异检验 F 值是否显著，即数据若是正态分布，则可进行下一步分析。KMO 的值通常在 0 和 1 之间，用以比较变量间的简单相关和偏相关的系数，以确定数据是否适合做 EFA。Kaiser

（1974）认为，KMO > 0.9 时，非常适合；0.8 < KMO < 0.9 时，比较适合；0.7 < KMO < 0.8 时可以做；KMO < 0.7 时，不太适合。各个量表的 Bartlett's 球形检验和 KMO 检验的结果如表5-15 至表 5-17 所示。

表 5-15　顾客参与的 KMO 和 Bartlett's 检验结果

KMO		0.824
Bartlett's 球形度检验	近似卡方	389.126
	Df	55
	Sig	0.000

表 5-16　顾客知识转移的 KMO 和 Bartlett's 检验结果

KMO		0.816
Bartlett's 球形度检验	近似卡方	327.568
	Df	36
	Sig	0.000

表 5-17　服务创新绩效的 KMO 和 Bartlett's 检验结果

KMO		0.843
Bartlett's 球形度检验	近似卡方	469.164
	Df	36
	Sig	0.000

从表 5-15 至表 5-17 可以看出，几个量表的 KMO 的值都在0.8 之上，Bartlett's 球形度检验在小于 0.001 的水平下显著，说明所搜集的原始数据较适合于进行探索性因子分析的。

接着，本书采用主成分分析法，采用正交旋转来观察各个特征根的值，参考 Kaiser 的方法，确定因子数目的前提是特征根的值大于 1，接着删除因子载荷小于 0.4 或两个以上的因子载荷大于 0.4 的题项。

通过上述过程，顾客参与量表、知识转移量表、创新绩效量表的探索性因子分析结果如下表所示。

表 5-18 顾客参与探索性因子分析结果

题项	描述性统计分析		因子载荷		
	均值	标准差	RL	SH	XL
RL1	3.63	0.967	0.134	<u>0.605</u>	0.341
RL2	4.06	0.910	0.124	<u>0.710</u>	0.278
RL3	3.65	0.935	0.353	<u>0.723</u>	0.021
SH1	3.58	1.035	<u>0.713</u>	0.064	0.075
SH2	3.35	1.054	<u>0.843</u>	0.127	0.147
SH3	3.67	0.973	<u>0.821</u>	0.352	0.043
SH4	3.25	0.876	<u>0.785</u>	0.065	0.204
XL1	3.78	0.722	0.014	0.243	<u>0.780</u>
XL2	3.45	0.983	0.312	0.054	<u>0.617</u>
XL3	3.78	0.769	0.235	0.178	<u>0.778</u>
XL4	3.94	0.987	0.234	0.187	<u>0.765</u>
特征值			4.5	1.432	1.145
解释方差 %			41.816	12.302	10.346
累计解释方差 %			41.816	55.015	65.684

从表 5-18 可以看出，顾客参与量表通过方差最大法旋转后有 3 个特征值大于 1 的因子，主要是 RL（我们将 RL1、RL2、RL3 命名为"人力资本型顾客参与因子"）、SH（我们将 SH1、SH2、SH3 命名为"社会资本型顾客参与因子"）、XL（我们将 XL1、XL2、XL3 命名为"心理资本型顾客参与因子"）。根据 Weiss（1970）[280] 的标准，即解释方差的累计比例要大于 50%，

表中的值是 65.684，符合要求。另外，3 个因子的测量题项所对应的因子相对于其他因子而言，都有着较大的因子载荷，且均大于 0.5，说明顾客参与量表的区分效度较高。

表 5-19　知识转移探索性因子分析结果

题项	描述性统计分析		因子载荷	
	均值	标准差	HD	ZH
HD1	3.56	0.965	0.065	0.846
HD2	4.06	0.903	0.236	0.795
HD3	3.35	0.935	0.323	0.743
HD4	3.76	1.034	0.289	0.687
HD5	3.40	0.940	0.302	0.541
ZH1	3.67	0.973	0.560	0.232
ZH2	3.27	0.851	0.816	0.340
ZH3	3.43	0.874	0.643	0.156
ZH4	3.31	1.024	0.708	0.310
ZH5	3.89	0.724	0.820	0.253
特征值			4.118	1.241
解释方差 %			45.767	45.767
累计解释方差 %			13.867	61.502

从表 5-19 可以看出，知识转移量表通过方差最大法旋转后有两个特征值大于 1 的因子，主要是 HD（我们将 HD1、HD2、HD3、HD4、HD5 命名为"知识获得因子"）、ZH（我们将 ZH1、ZH2、ZH3、ZH4、ZH5 命名为"知识转化利用因子"），解释方差的累计比例要大于 50%。表中的值是 61.502，符合要求。另外，两个因子的测量题项所对应的因子相对于其他因子而言，都有着较大的因子载荷，且均大于 0.5，说明知识转移量表的区分效度较高。

表 5-20　创新绩效探索性因子分析结果

题项	描述性统计分析		因子载荷		
	均值	标准差	CW	GK	NB
CW1	4.13	0.721	0.298	0.165	<u>0.873</u>
CW2	4.08	0.843	0.240	0.234	<u>0.894</u>
CW3	3.65	0.933	0.265	0.365	<u>0.564</u>
GK1	3.94	0.787	0.289	<u>0.654</u>	0.332
GK2	3.53	0.804	0.093	<u>0.875</u>	0.056
GK3	3.65	0.873	0.354	<u>0.630</u>	0.154
NB1	3.89	0.701	<u>0.868</u>	0.209	0.146
NB2	3.94	0.734	<u>0.871</u>	0.189	0.342
NB3	3.93	0.785	<u>0.745</u>	0.231	0.279
特征值			4.865	54.064	54.064
解释方差 %			1.278	12.302	64.815
累计解释方差 %			1.032	10.435	75.285

从表 5-20 可以看出，创新绩效量表通过方差最大法旋转后有 3 个特征值大于 1 的因子，主要是 CW（我们将 CW1、CW2、CW3 命名为"财务绩效因子"）、GK（我们将 GK1、GK2、GK3 命名为"顾客绩效因子"）、NB（我们将 NB1、NB2、NB3 命名为"内部运营绩效因子"）。表中累计解释方差的比例是 75.285，符合要求。另外，3 个因子的测量题项所对应的因子相对于其他因子而言，都有着较大的因子载荷，且均大于 0.5，说明创新绩效量表的区分效度较高。

三、正式调查问卷的确定

经过上述深度访谈、预测试等几个主要步骤，我们最终确定了本书的最终的调查问卷（见附录）。所有的测量都使用 1—5 级的 Likert 量表，其中 1 表示完成不同意，5 表示完全同意。将最终问卷和初步确定的量表进行对比，可以发现新问卷在语言表达上更加简练、贴近企业的具体情况，另外还删除了最初的部分条目，具体如下：

第一，在人力资本型顾客参与量表中，删除了"顾客利用自身的直觉参与企业服务创新"这个条目，其余四个条目保留。第二，在社会资本型顾客参与量表中，删除了"顾客与企业在服务创新过程中形成共同的归属感"、"顾客与企业在服务创新过程中形成共享的语言"两个条目，保留其余四个条目。第三，心理资本型顾客参与量表。前后对比无变化，保留原来的四个条目。其余量表也都未发生变化，故均保留原来条目。

第六章　数据收集统计及模型检验

第一节　数据收集

　　本书选择的实证研究对象是互联网企业,属于典型的知识密集型企业(KIBS)。频繁交互是这一组织形式的重要特征,其服务本身就是被企业与顾客共同生产出来(徐朝霞,2013)。随着消费者的服务需求的提升,市场环境的成熟和信息技术的完善,顾客参与服务创新对创新绩效的作用机制研究具有很强的典型性和现实意义。

　　互联网对各个产业的渗透使原有的分类面临挑战,本书参考周鸿祎(2005)对互联网产业的分类和OECE(2001)对知识密集型服务业的分类标准,将本书研究的对象区分为互联网信息服务业、互联网零售服务业、互联网金融服务业、互联网专业技术服务业、互联网教育服务业、互联网健康保健服务业等。研究数据来自2014年12月至2015年4月对上海、北京、深圳、杭州等知识密集型服务较为发达的地区的相关企业进行问卷调查的结果。本书中所提到的顾客是与被调查公司交易或参与创新的个人用户。问卷的填写主要由被调查的、参与或负责过顾客参与服务创新项目的营销和战略部门的管理人员填写。

　　本书的研究主要通过两种方式进行:纸质问卷和电子问卷。

纸质问卷采用现场填写的方式,总共发放 200 份,最终回收 130 份,其中有效问卷共 110 份。电子问卷采用电子邮件和在线问卷的方式向调查对象发放,并附上填写目的、要求等详细说明,以保障问卷填写质量,总共发放 300 份问卷,最终回收 140 份,其中有效问卷 120 份。最终本次问卷调查共发放问卷 500 份,回收 270 份,回收率 54%,其中有效问卷 230 份,有效率 46%。

为保证样本质量及代表性,本次调查注意了以下方面问题:

第一,样本数量的合理性。Kline(1998)提出,结构方程中的样本数不能低于 100。Loehlin(1992)提出在方程中的变量数量最好在 200 以上。[281]Rigdon(1996)认为,样本如果低于 200 会导致参数估计不稳定且显著性下降,但是并不是样本数量越大越好,样本数量过大会导致卡方值过大,估计的敏感性过大。[282]对于样本超过 200 个的可以称为中型样本,本书研究的样本数是 230,属于中型样本。

第二,调研对象的适宜性。依据本书的调研目标和行业针对性,我们尽可能选择在相关互联网企业中工作超过一年、对顾客参与和服务创新情况较为熟悉的管理人员来填写。

第三,有效问卷的筛选。为了保证问卷最后的答题质量,对回收的问卷进行逐一检查,删除了有缺损项目、填写明显不认真、不同题项同一选项重复作答的无效问卷。

第二节　数据的描述性统计分析

一、样本特征的统计描述

（1）公司类型

按照互联网服务业分类,此次所获得的 230 份问卷中,调查对象的所属类型如下：互联网信息服务业 33 份，互联网金融服务业 49 份，互联网零售服务业 54 份，互联网教育服务业 30 份，互联网医疗健康 38 份，互联网专业技术服务业 26 份。

表 6-1　公司所属行业类型分布

公司类型	样本数（份）	比例（%）
互联网信息服务业	33	14.3
互联网金融服务业	49	21.3
互联网零售服务业	54	23.4
互联网教育服务业	30	13
互联网医疗健康服务业	38	16.5
互联网专业技术服务业	26	11.3

（2）公司所在城市

本书所选择的调查区域集中在知识密集型较为发达的城市：北京、上海、深圳、杭州、成都，具体的分布情况如表 6-2 所示。

表 6-2　公司所属城市分布

城市	样本数（份）	比例（%）
北京	42	18.3
上海	68	29.6
深圳	23	10
杭州	56	243
成都	41	17.8

（3）公司员工人数

被调查公司的规格通过人员数量来衡量，具体分布如表 6-3 所示。

表6-3　公司员工人数分布

员工人数	样本数（份）	比例（%）
50人以下	98	43
51—200人	67	29.1
201—500人	39	17
500人以上	26	11.3

（4）公司成立年限

被调查的企业的成立年限分布情况如表6-4所示。

表6-4　公司成立年限分布

成立年限	样本数（份）	比例（%）
2年以下	87	38
3—5年	92	40
6—10年	42	18.3
10年以上	9	4

（5）公司顾客构成

被调查的企业的顾客类型分布情况分为三种：个人顾客为主，组织顾客为主，两种作为服务对象皆有——我们将其归为其他，分布情况如表6-5所示。

表6-5　公司顾客构成分布

顾客类型	样本数（份）	比例（%）
以个人顾客为主	132	57.4
以组织顾客为主	52	23
其　　他	46	20

二、变量测量题项的描述性统计

本书采用 SPSS 软件对最终样本的各变量测量题项的均值、标准差、偏度和峰度进行检验,检验结果见下表。通过检验,偏度绝对值都小于 2,峰度绝对值都小于 3,证明各个测量题项基本服从正态分布,可以进行进一步的统计检验。

表 6-6 大样本数据的正态分布检验结果

题项	N 统计量	均值 统计量	标准差 统计量	偏 度		峰 度	
				统计量	标准误	统计量	标准误
RL1	230	3.60	0.936	−0.652	0.163	0.257	0.317
RL2	230	4.00	0.854	−0.905	0.163	0.583	0.317
RL3	230	3.54	0.943	−0.237	0.163	−0.608	0.317
RL4	230	3.98	0.895	−0.873	0.163	0.591	0.317
SH1	230	3.70	0.808	−0.453	0.163	0.256	0.317
SH2	230	3.43	0.977	−0.265	0.163	0.528	0.317
SH3	230	3.35	1.016	−0.904	0.163	0.513	0.317
SH4	230	3.71	0.923	−0.100	0.163	0.656	0.317
XL1	230	3.42	0.955	−0.583	0.163	−0.290	0.317
XL2	230	3.49	0.895	−0.601	0.163	−0.155	0.317
XL3	230	3.86	0.973	−0.852	0.163	0.745	0.317
XL4	230	3.89	0.758	−0.454	0.163	0.734	0.317
HD1	230	3.61	0.871	−0.621	0.163	0.627	0.317
HD2	230	3.42	0.826	−0.854	0.163	0.116	0.317
HD3	230	3.77	0.847	−0.624	0.163	−0.229	0.317
HD4	230	3.89	0.795	−0.601	0.163	0.433	0.317
HD5	230	3.60	0.805	−0.582	0.163	0.504	0.317

（续表）

题项	N 统计量	均值 统计量	标准差 统计量	偏度 统计量	偏度 标准误	峰度 统计量	峰度 标准误
ZH1	230	3.88	0.936	−1.405	0.163	2.674	0.317
ZH2	230	4.10	0.837	−0.751	0.163	0.360	0.317
ZH3	230	3.69	0.836	−0.614	0.163	0.317	0.317
ZH4	230	3.85	0.802	−0.594	0.163	0.948	0.317
ZH5	230	3.73	0.900	−0.931	0.163	0.245	0.317
CW1	230	3.91	0.934	−1.004	0.163	1.338	0.317
CW2	230	4.07	1.075	−0.859	0.163	0.943	0.317
CW3	230	3.64	0.904	−0.567	0.163	0.448	0.317
GK1	230	3.96	0.878	−0.428	0.163	−0.345	0.317
GK2	230	3.63	0.935	−0.494	0.163	−0.325	0.317
GK3	230	3.58	0.872	−0.871	0.163	−0.150	0.317
NB1	230	3.74	0.813	−1.325	0.163	1.148	0.317
NB2	230	4.32	0.896	−1.165	0.163	2.117	0.317
NB3	230	4.03	0.835	−0.816	0.163	0.576	0.317
LX1	230	3.85	0.902	−0.186	0.163	0.786	0.317
LX2	230	3.52	1.053	−0.174	0.163	0.564	0.317
LX3	230	3.78	0.883	−0.019	0.163	−0.765	−0.317
LX4	230	3.34	0.901	−1.064	0.163	−0.602	0.317
LX5	230	3.51	0.883	−0.019	0.163	−0.043	0.317
HL1	230	3.88	0.757	−0.105	0.163	−0.348	0.317
HL2	230	3.96	0.773	−0.653	0.163	0.845	0.317
HL3	230	3.86	0.835	−0.948	0.163	1.703	0.317

第三节 量表的信度效度检验

一、同源误差检验

所谓同源误差是指问卷中的题项都由同一人填写,而有可能产生的"同源偏差"问题,进而影响问卷的有效性。用哈曼单因子检验(Harman,1967)的方法可以检验数据是否存在明显的同源误差问题。本书采用主成分分析法对顾客参与、知识转移、服务创新绩效等变量的所有题项进行探索性因子分析后,所有指标共分解出 10 个特征值大于 1 的因子,总解释变异量的值为65.34%,不存在解释力超过总解释量一半的因子(最大的因子仅解释了 34.12% 的变异量),故本书的同源偏差问题并不严重。

二、信度效度检验

信度是指通过检验工具来确认得到结果的一致性和稳定性,是反映被测对象特征的真实度的指标。一般而言,两次或两次以上的测验结果越一致,误差越小,所得的信度越高;信度是衡量量表的质量的重要指标。通常采用 Cronbach's a 系数作为测量工具来检验信度。如果问卷中的 a 系数越高,则表示各个测量指标间的内部一致性越高。参考 Numially(1978)的标准[283],Cronbach's a 系数应该高于 0.7,这样量表才具有可信度。综合信度法(Composite Reliability,CR),是另一种对潜在变量进行信度检验的方法。潜在变量 CR 值越高,表示潜在信度越高。一般 CR 值大于 0.6 时,量表具有较高的信度。

效度是指检验量表是否能够正确衡量研究者想要研究的问题。常用的效度检验包括内容效度和建构效度。内容效度检测用于测量内容的适合性,由于本量表所使用的测量量表是在已有文献的归纳整理基础上，根据本书的需要进行修改和调整，再与相关学者和实践管理人员进行沟通讨论，经再次修改调整并得出最终问卷，故本研究问卷具有较高的效度。建构效度又分为聚合效度和区分效度，用来判断量表是否能够准确衡量理论的构念和特征。本书使用验证性因子分析的结果来判断量表的区分效度，一般来说，需要所有变量的标准化因子载荷系数均大于 0.45，且所有的系数在统计上有较高的显著性，可以认为量表具有较好的聚合效度。区分效度用以测量各个题项间，没有显著的相关性。Fomell（1981）利用比较各因子平均方差抽取量（AVE）及相对应的共同方差来检验区分效度。[284] 他认为，AVE 的值是通过对应的标准化因子载荷求平方之后的算术平均数。而共同方差是通过计算因子间相关系数的平方来获得。通常因子的共同方差应该小于 0.5。[285]

在进行验证性因子分析后，本书采用模型适配度检验指标如表 6-7 所示。具体参考标准参考侯杰泰等（2004）[286] 提出的标准：卡方自由度比（CMIN/DF）取值在 1—3 之间，表示该模型具有较好拟合度；比较拟合度指数（CFI）和修正指数（IFI）的值高于 0.9，则表示模型假设可接受；适配度指数（GFI）和修正适配

表 6-7　验证性因子分析指标评价标准

指　标	判断标准
CMIN/DF	小于 3
CFI	大于 0.9
IFI	大于 0.9
GFI	大于 0.85
AGFI	大于 0.85
RMSEA	大于 0.08

度指数（AGFI）是解释所观察数据的方差与协方差比例，两者的值如大于0.9，则模型拟合度较好。也有学者指出，拟合指数大于0.85也是可以接受的。[287]

（1）顾客参与量表的信度和效度分析

根据对顾客参与量表进行探索性因子分析的结果，顾客参与分为三个维度，其中人力资本性顾客参与包括3个测量题项，社会资本型顾客参与包括4个测量题项，心理资本型顾客参与包括4个测量题项。接着对这些题项进行验证性因子分析以完成顾客参与测量模型的构建，并使用AMOS软件对所获取的数据与假设模型进行拟合（见图6-1），且得出相应的参数的估计值（见表6-8）和拟合指标（见表6-9）。

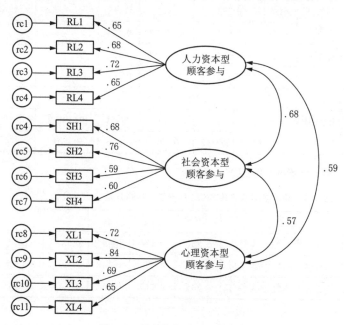

图6-1 顾客参与验证因子分析

表 6-8 顾客参与量表测量参数估计表

潜变量	题项	标准化路径系数	t 值	标准误	Cronbach's a	组合信度（CR）
人力资本型顾客参与	RL1	0.654	—	—	0.703	0.776
	RL2	0.683	6.278**	0.158		
	RL3	0.715	7.049**	0.184		
	RL4	0.645	6.136**	0.150		
社会资本型顾客参与	SH1	0.668	—	—	0.775	0.789
	SH2	0.764	9.087**	0.120		
	SH3	0.591	7.915**	0.108		
	SH4	0.604	8.206**	0.105		
心理资本型顾客参与	XL1	0.723	—	—	0.716	0.714
	XL2	0.841	8.158**	0.121		
	XL3	0.694	6.016**	0.153		
	XL4	0.647	5.261**	0.201		

拟合优度指数

CMIN/DF	CFI	IFI	GFI	AGFI	RMSEA
2.31	0.913	0.932	0.928	0.866	0.070

注：** 表示在 0.001 水平下显著。

表 6-9 顾客参与各维度均值、标准差、共同方差、AVE 及相关系数

	维度	均值	标准差	1	2	3
1	人力资本型顾客参与	3.856	0.674	<u>0.465</u>	0.68**	0.59**
2	社会资本型顾客参与	3.487	0.474	0.446	<u>0.491</u>	0.57**
3	心理资本性顾客参与	3.745	0.519	0.356	0.347	<u>0.458</u>

注：表中用下划线表示的对角线元素为各因子对应的 AVE 值，下三角的元素为对应两因子的共同方差，上三角的元素为对应两因子的相关系数，** 表示在 0.001 水平下显著。

　　首先，查看量表的信度，人力资本型顾客参与、社会资本型顾客参与、心理资本型参与三个维度的 Cronbach's a 值分别是 0.703、0.775、0.716，皆大于 0.7。三个维度的组合信度（CR）分别为 0.776、0.789、0.714，也都大于 0.7。所以可以判断本书中的量表具有较好的信度。

　　接着，再查看量表的效度，所有因子载荷（标准化路径系数）都大于 0.5，且在统计上显著，表明量表具有较好的聚合度。如上表所示，因子间的共同方差也小于 0.5，并且各个因子的 AVE 值也都大于对应行列上的共同方差，证明量表具有较好的区分效度。

　　最后，查看模型整体拟合度，CMIN/DF 小于 3，CFI、IFI、GFI 也都大于 0.9，AGFI 大于 0.85，RMSEA 小于 0.08，证明模型的整体拟合度较好。

　　通过上述分析，可以证明顾客参与的量表具有较好的信度和效度。

　　（2）知识转移量表的信度和效度分析

　　对顾客知识转移量表进行探索性因子分析，知识转移分为两个维度，其中顾客知识获得包括 5 个测量题项，顾客知识转化利用包括 5 个测量题项。接着，对这些题项进行验证性因子分析以完成顾客知识转移测量模型的构建，并使用 AMOS17 软件对所获取的数据与假设模型进行拟合（见图 6-2），且得到相应的参数估计值（见表 6-10）和拟合指标（见表 6-11）。

　　首先，查看量表的信度，顾客知识获得和顾客知识转化利用两个维度的 Cronbach's a 值分别是 0.7984 和 0.806，皆大于 0.7。两个维度的组合信度（CR）分别为 0.801 和 0.816，也都大于 0.7，所以可判断本书中的量表具有较好的信度。

　　接着，再查看量表的效度，所有因子载荷（标准化路径系数）

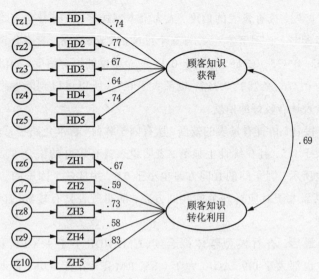

图 6-2　知识转移验证因子分析

表 6-10　知识转移量表测量参数估计表

潜变量	题项	标准化路径系数	t 值	标准误	Cronbach's a	组合信度（CR）
顾客知识获得	HD1	0.743	—	—	0.794	0.801
	HD2	0.773	10.278**	0.102		
	HD3	0.672	9.049**	0.108		
	HD4	0.645	8.965**	0.098		
	HD5	0.743	9.978**	0.109		
顾客知识转化利用	ZH1	0.668	—	—	0.806	0.816
	ZH2	0.593	9.087**	0.123		
	ZH3	0.726	7.915**	0.103		
	ZH4	0.584	8.206**	0.115		
	ZH5	0.831	8.158**	0.109		

（续表）

潜变量	题项	标准化路径系数	t 值	标准误	Cronbach's a	组合信度（CR）
拟合优度指数						
CMIN/DF	CFI	IFI	GFI	AGFI	RMSEA	
2.53	0.97	0.962	0.938	0.916	0.072	

注：** 表示在 0.001 水平下显著。

表 6-11　知识转移各维度均值、标准差、共同方差、AVE 及相关系数

	维　　度	均值	标准差	1	2
1	顾客知识获得	3.806	0.578	<u>0.545</u>	0.69**
2	顾客知识转化利用	3.896	0.596	0.476	<u>0.487</u>

注：表中用下划线表示的对角线元素为各因子对应的 AVE 值，下三角的元素为对应两因子的共同方差，上三角的元素为对应两因子的相关系数，** 表示在 0.001 水平下显著。

都大于 0.5，且在统计上显著，表明量表具有较好的聚合度。如上表所示，因子间的共同方差也小于 0.5，并且各个因子的 AVE 值也都大于对应行列上的共同方差，证明量表具有较好的区分效度。

最后，查看模型整体拟合度，CMIN/DF 小于 3，CFI、IFI、GFI 也都大于 0.9，AGFI 大于 0.85，RMSEA 小于 0.08，证明模型的整体拟合度较好。

通过上述分析，可以证明顾客知识转移的量表具有较好的信度和效度。

（3）服务创新绩效量表的信度和效度分析

对服务创新绩效量表进行探索性因子分析，知识转移分为三个维度，其中市场绩效包括 3 个测量题项，顾客绩效包括 3 个测

量题项，内部运营绩效包括 3 个测量题项。接着对这些题项进行验证性因子分析以完成顾客知识转移测量模型的构建，并使用 AMOS 软件对所获取的数据与假设模型进行拟合（见图 6-3），且得到相应的参数估计值（见表 6-12）和拟合指标（见表 6-13）。

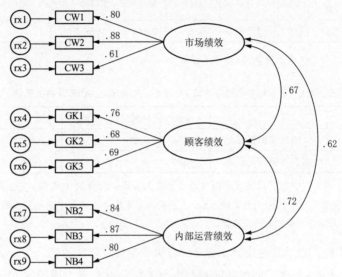

图 6-3　服务创新绩效因子分析

表 6-12　服务创新绩效量表测量参数估计表

潜变量	题项	标准化路径系数	t 值	标准误	Cronbach's a	组合信度（CR）
市场绩效	CW1	0.801	—	—	0.783	0.845
	CW2	0.883	13.716**	0.084		
	CW3	0.615	9.923**	0.106		
顾客绩效	GK1	0.768	—	—	0.748	0.743
	GK2	0.684	9.187**	0.097		
	GK3	0.693	9.916**	0.095		

（续表）

潜变量	题项	标准化路径系数	t 值	标准误	Cronbach's a	组合信度（CR）
内部运营绩效	NB1	0.843	—	—	0.876	0.884
	NB2	0.875	13.656**	0.065		
	NB3	0.806	12.461**	0.075		
拟合优度指数						
CMIN/DF	CFI	IFI	GFI	AGFI	RMSEA	
2.067	0.951	0.954	0.932	0.871	0.075	

注：** 表示在 0.001 水平下显著。

表 6-13　服务创新绩效各维度均值、标准差、共同方差、AVE 及相关系数

	维度	均值	标准差	1	2	3
1	市场绩效	3.786	0.675	<u>0.614</u>	0.67**	0.62**
2	顾客绩效	3.554	0.674	0.446	<u>0.496</u>	0.72**
3	内部运营绩效	3.907	0.629	0.397	0.480	<u>0.558</u>

注：表中用下划线表示的对角线元素为各因子对应的 AVE 值，下三角的元素为对应两因子的共同方差，上三角的元素为对应两因子的相关系数，** 表示在 0.001 水平下显著。

首先，查看量表的信度，市场绩效、顾客绩效、内部运营绩效三个维度的 Cronbach's a 值分别是 0.783、0.748、0.876，皆大于 0.7。三个维度的组合信度（CR）分别为 0.845、0.743、0.884，也都大于 0.7，所以可判断本书中的量表具有较好的信度。

接着，再查看量表的效度，所有因子载荷（标准化路径系数）都大于 0.5，且在统计上显著，表明量表具有较好的聚合度。如上表所示，因子间的共同方差也小于 0.5，并且各个因子的 AVE 值也都大于对应行列上的共同方差，证明量表具有较好的区分效度。

最后，查看模型整体拟合度，CMIN/DF 小于 3，CFI、IFI、GFI 也都大于 0.9，AGFI 大于 0.85，RMSEA 小于 0.08，证明模型的整体拟合度较好。

通过上述分析，可以证明服务创新绩效的量表具有较好的信度和效度。

（4）领先用户导向量表的信度和效度分析

领先用户导向的验证性因子分析模型如图 6-4 所示，同样经过结构方程软件预算后结果如表 6-14 所示。

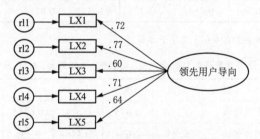

图 6-4　领先用户导向验证因子分析

表 6-14　领先用户导向量表测量参数估计表

潜变量	题项	标准化路径系数	t 值	标准误	Cronbach's a
领先用户导向	LX1	0.723	—	—	0.854
	LX2	0.765	10.534**	0.103	
	LX3	0.596	8.284**	0.117	
	LX4	0.708	9.816**	0.098	
	LX5	0.643	9.242**	0.110	
拟合优度指数					
CMIN/DF	CFI	IFI	GFI	AGFI	RMSEA
2.524	0.903	0.904	0.928	0.851	0.074

注：** 表示在 0.001 水平下显著。

首先,查看量表的信度,领先用户导向的 Cronbach's a 值分别是 0.854,大于 0.7,所以可判断本书的量表具有较好的信度。

接着,再查看量表的效度,所有因子载荷(标准化路径系数)都大于 0.5,且在统计上显著,证明量表具有较好的聚合效度。

(5)互联网思维导向量表的信度和效度分析

互联网思维导向的验证性因子分析模型如图 6-5 所示,同样经过结构方程软件预算后结果如表 6-15 所示。

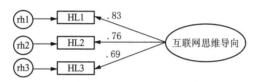

图 6-5 互联网思维导向验证因子分析

表 6-15 互联网思维导向量表测量参数估计表

潜变量	题项	标准化路径系数	t 值	标准误	Cronbach's a
互联网思维导向	HL1	0.832	—	—	0.861
	HL2	0.756	10.752**	0.102	
	HL3	0.689	9.683**	0.120	
拟合优度指数					

CMIN/DF	CFI	IFI	GFI	AGFI	RMSEA	
2.534	0.904	0.902	0.930	0.825	0.075	

注:** 表示在 0.001 水平下显著。

首先,查看量表的信度,领先用户导向的 Cronbach's a 值均是 0.861,大于 0.7,所以可以判断本书的量表具有较好的信度。

接着,再查看量表的效度,所有因子载荷(标准化路径系数)都大于 0.5,且在统计上显著,证明量表具有较好的聚合效度。

检验结果证明:各个变量的量表具有可以接受的信度和效度。

第四节　假设检验和模型验证

一、顾客参与对服务创新绩效的影响

（1）顾客参与对服务创新绩效的直接影响

顾客参与对服务创新绩效的因子载荷是 0.6，P 值在 0.001 的水平上显著（见图 6-6），结果证明了顾客参与对服务创新绩效的回归系数达到显著水平，顾客参与对服务创新绩效的影响关系模型成立，H1 得到验证。

考察模型拟合指标参数如表 6-16 所示，CMIN/DF 的值小于 3，CFI、IFI 的值都大于 0.9；GFI 和 AGFI 的值都大于 0.85；RMSEA 小于 0.08，因此，顾客参与对服务创新绩效影响的模型整体拟合较好。

表 6-16　顾客参与对服务创新绩效的拟合指标

CMIN/DF	CFI	IFI	GFI	AGFI	RMSEA
1.989	0.912	0.915	0.886	0.862	0.064

（2）人力资本型顾客参与对服务创新绩效的直接影响

人力资本型顾客参与对服务创新绩效的因子载荷是 0.67，P 值是 0.000，在 0.001 的水平上显著（见图 6-7），结果证明了人力资本型顾客参与对服务创新绩效的回归系数达到显著水平，人力资本型顾客参与对服务创新绩效的影响关系模型成立，H1a 得到验证。

考察模型拟合指标参数如表 6-17 所示，CMIN/DF 的值小于 3，CFI、IFI 的值都大于 0.9；GFI 和 AGFI 的值都大于 0.85；RMSEA 都小于 0.08，因此，人力资本型顾客参与对服务创新绩

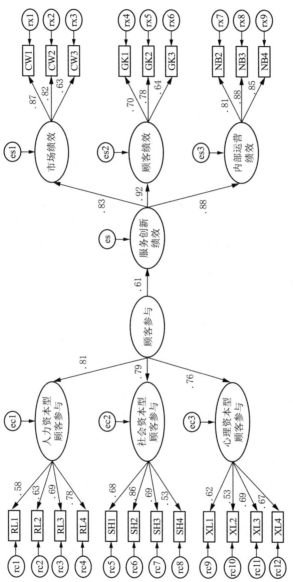

图 6-6　顾客参与对服务创新绩效影响的模型

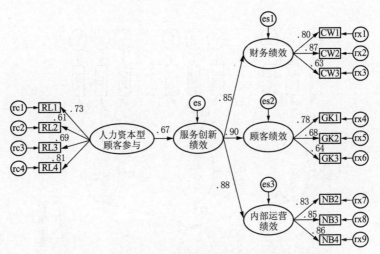

图 6-7   人力资本型顾客参与对服务创新绩效影响的模型

效影响的模型整体拟合较好。

表 6-17   人力资本型顾客参与对服务创新绩效的拟合指标

CMIN/DF	CFI	IFI	GFI	AGFI	RMSEA
1.689	0.904	0.913	0.884	0.872	0.061

（3）社会资本型顾客参与对服务创新绩效的直接影响

社会资本型顾客参与对服务创新绩效的因子载荷是 0.5，P 值在 0.001 的水平上显著（见图 6-8），结果证明了社会资本型顾客参与对服务创新绩效的回归系数达到显著水平，人力资本型顾客参与对服务创新绩效的影响关系模型成立，H1c 得到验证。

考察模型拟合指标参数如表 6-18 所示，CMIN/DF 的值小于 3，CFI、IFI、GFI 的值都大于 0.9；AGFI 的值大于 0.85；RMSEA 都小于 0.08，因此，社会资本型顾客参与对服务创新绩效影响的模型整体拟合较好。

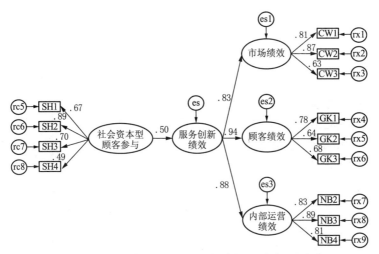

图 6-8　社会资本型顾客参与对服务创新绩效影响的模型

表 6-18　社会资本型顾客参与对服务创新绩效的拟合指标

CMIN/DF	CFI	IFI	GFI	AGFI	RMSEA
0.983	0.952	0.973	0.921	0.892	0.060

（4）心理资本型顾客参与对服务创新绩效的直接影响

社会资本型顾客参与对服务创新绩效的因子载荷是 0.62，P 值在 0.001 的水平上显著（见图 6-9），结果证明了心理资本型顾客参与对服务创新绩效的回归系数达到显著水平，心理资本型顾客参与对服务创新绩效的影响关系模型成立，H1c 得到验证。

考察模型拟合指标参数如表 6-19 所示，CMIN/DF 的值小于 3，CFI、IFI、GFI 的值都大于 0.9；AGFI 的值大于 0.85；RMSEA 都小于 0.08，因此，心理资本型顾客参与对服务创新绩效影响的模型整体拟合较好。

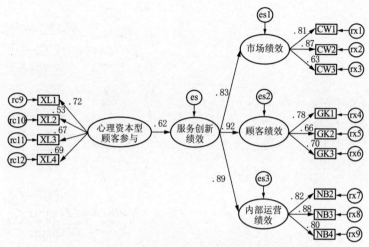

图 6-9　心理资本型顾客参与对服务创新绩效影响的模型

表 6-19　心理资本型顾客参与对服务创新绩效的拟合指标

CMIN/DF	CFI	IFI	GFI	AGFI	RMSEA
2.143	0.954	0.943	0.923	0.882	0.076

二、顾客参与对知识转移的影响

（1）顾客参与对顾客知识转移的总体影响

顾客参与对知识转移的因子载荷是 0.84，P 值在 0.001 的水平上显著（见图 6-10），结果证明了社会资本型顾客参与对顾客知识转移影响的回归系数达到显著水平，顾客参与对顾客知识转移影响关系模型成立，H2 得到验证。

考察模型拟合指标参数如表 6-20 所示，CMIN/DF 的值小于 3，CFI、IFI 的值都大于 0.9；GFI 和 AGFI 的值大于 0.85；RMSEA 都小于 0.08，因此，顾客参与对顾客知识转移影响的模型整体拟合较好。

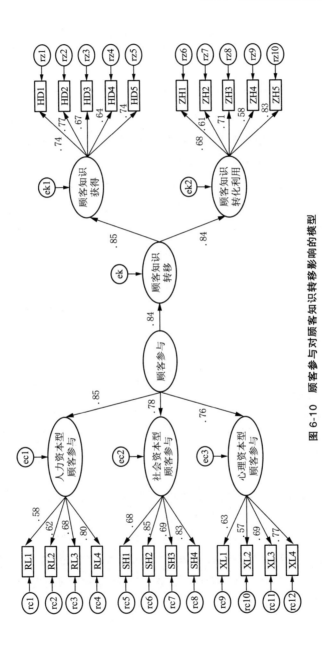

图 6-10　顾客参与对顾客知识转移影响的模型

表 6-20　顾客参与对顾客知识转移影响的拟合指标

CMIN/DF	CFI	IFI	GFI	AGFI	RMSEA
1.83	0.906	0.914	0.886	0.862	0.062

（2）人力资本型顾客参与对顾客知识转移的总体影响

人力资本型顾客参与对知识转移的因子载荷是 0.84，P 值是 0.000，在 0.001 的水平上显著（见图 6-11），结果证明了人力资本型顾客参与对顾客知识转移的回归系数达到显著水平，人力资本型顾客参与对顾客知识转移影响关系模型成立，H2a 得到验证。

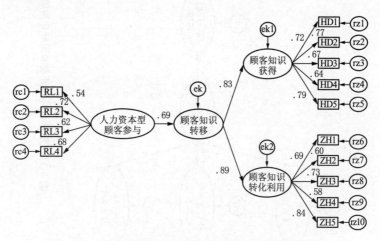

图 6-11　人力资本型顾客参与对顾客知识转移影响的模型

考察模型拟合指标参数如下表 6-21 所示，CMIN/DF 的值小于 3，CFI、IFI、GFI 的值都大于 0.9；AGFI 的值大于 0.85；RMSEA 都小于 0.08，因此，人力资本型顾客参与对顾客知识转移影响的模型整体拟合较好。

表 6-21　人力资本型顾客参与对顾客知识转移影响的拟合指标

CMIN/DF	CFI	IFI	GFI	AGFI	RMSEA
2.12	0.935	0.911	0.918	0.879	0.068

（3）社会资本型顾客参与对顾客知识转移的总体影响

社会资本型顾客参与对知识转移的因子载荷是 0.64，P 值在 0.001 的水平上显著（见图 6-12），结果证明了社会资本型顾客参与对顾客知识转移影响的回归系数达到显著水平，顾客参与对顾客知识转移影响关系模型成立，H2b 得到验证。

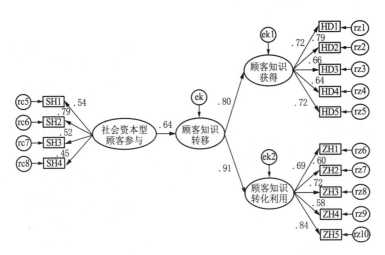

图 6-12　社会资本型顾客参与对顾客知识转移影响的模型

考察模型拟合指标参数如表 6-22 所示，CMIN/DF 的值小于 3，CFI、IFI、GFI 的值都大于 0.9；AGFI 的值大于 0.85；RMSEA 都小于 0.08，因此，社会资本型顾客参与对顾客知识转移影响的模型整体拟合较好。

表 6-22　社会资本型顾客参与对顾客知识转移影响的拟合指标

CMIN/DF	CFI	IFI	GFI	AGFI	RMSEA
2.12	0.945	0.956	0.942	0.887	0.060

（4）心理资本型顾客参与对顾客知识转移的总体影响

心理资本型顾客参与对知识转移的因子载荷是 0.64，P 值是在 0.001 的水平上显著（见图 6-13），结果证明了心理资本型顾客参与对顾客知识转移影响的回归系数达到显著水平，心理资本型顾客参与对顾客知识转移影响关系模型成立，H2c 得到验证。

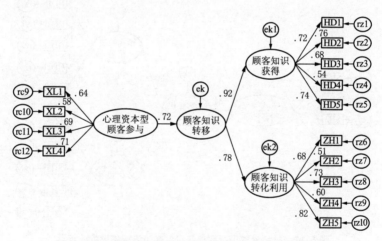

图 6-13　心理资本型顾客参与对顾客知识转移影响的模型

考察模型拟合指标参数如表 6-23 所示，CMIN/DF 的值小于 3，CFI、IFI、GFI 的值都大于 0.9；AGFI 的值大于 0.85；RMSEA 都小于 0.08，因此，心理资本型顾客参与对顾客知识转移影响的模型整体拟合较好。

表 6-23　心理资本型顾客参与对顾客知识转移影响的拟合指标

CMIN/DF	CFI	IFI	GFI	AGFI	RMSEA
2.12	0.950	0.954	0.932	0.900	0.062

三、顾客知识转移对服务创新绩效的影响

顾客知识转移对服务创新绩效的因子载荷是 0.73，P 值在 0.001 的水平上显著（见图 6-14），结果证明了顾客知识转移对服务创新绩效的回归系数达到显著水平，顾客知识转移对服务创新绩效关系模型成立，H3 得到验证。

考察模型拟合指标参数如表 6-24 所示，CMIN/DF 的值小于 3，CFI、IFI 的值都大于 0.9；GFI、AGFI 的值大于 0.85；RMSEA 小于 0.08，因此，知识转移对服务创新绩效的模型整体拟合较好。

表 6-24　顾客知识转移对服务创新绩效影响的拟合指标

CMIN/DF	CFI	IFI	GFI	AGFI	RMSEA
1.892	0.940	0.941	0.895	0.863	0.062

四、顾客知识转移中介影响

对于顾客知识转移的中介作用，我们采用 Baron 和 Kenny（1986）[288] 提出的方法来检验。具体方法是：首先用自变量对中介变量进行回归分析，需要系数显著；再用自变量和因变量进行回归，也要求显著；接着用中介变量和因变量做回归，同样要求显著；最后在用自变量和中介变量同时对因变量进行回归，此时自变量和因变量的回归系数如果出现明显下降，表示有部分中介作用，如果不再显著，表示完全中介作用。以上条件满足，即可认为中介假设是成立的。

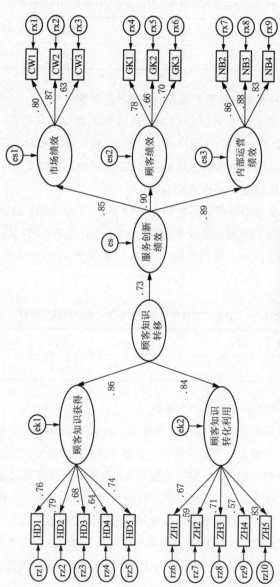

图 6-14　顾客知识转移对服务创新绩效影响的模型

（1）顾客知识转移对顾客参与和服务创新绩效的中介影响及判定

我们通过以上步骤来对顾客知识转移对顾客参与和服务创新绩效的中介作用进行检验，结构方程模型结果见图6-15，模型的估计值见表6-25。

表6-25　顾客知识转移中介效应检验

影响路径	标准化路径系数	P值	结果
变量两两回归			
社会资本型顾客参与—顾客知识转移	0.85	**	显著
顾客参与—服务创新绩效	0.61	**	显著
顾客知识转移—服务创新绩效	0.70	**	显著
整体中介模型			
顾客参与—服务创新绩效	0.05	0.980	不显著
拟合优度指数			

CMIN/DF	CFI	IFI	GFI	AGFI	RMSEA
1.763	0.904	0.903	0.864	0.845	0.056

注：** 表示 < 0.001。

我们先对变量两两回归，顾客参与对顾客知识转移有显著的正向影响（标准化路径系数是 0.85，且 $P < 0.001$）；接着顾客参与对服务创新绩效也有显著的正向影响（标准化路径系数为 0.61，$P < 0.001$）；顾客知识转移对服务创新绩效有显著的正向影响（标准化路径系数为 0.7，$P < 0.001$）；当顾客参与和顾客知识转移同时对服务创新绩效进行回归时，顾客参与对服务创新绩效的影响明显降低且不显著（标准化路径系数为 0.05，$P < 0.001$）。这样便可以证明，顾客知识转移对顾客参与和服务

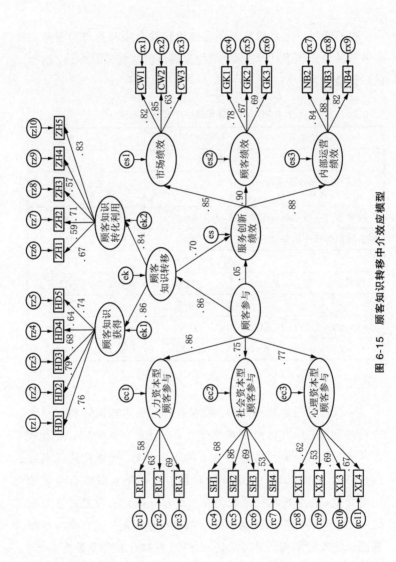

图 6-15 顾客知识转移中介效应模型

创新绩效间的关系有完全中介作用。

从模型拟合指标来看，CMIN/DF 的值小于 3，CFI、IFI 的值都大于 0.9；GFI、AGFI 的值大于 0.85；RMSEA 小于 0.08，因此，可以判断顾客知识转移对顾客参与和服务创新绩效的中介作用模型整体拟合较好。

（2）顾客知识转移对人力资本型顾客参与和服务创新绩效的中介影响

根据以上步骤来检验顾客知识转移对人力资本型顾客参与和服务创新绩效的中介作用，结构方程模型结果见图 6-16，模型的估计值见表 6-26。

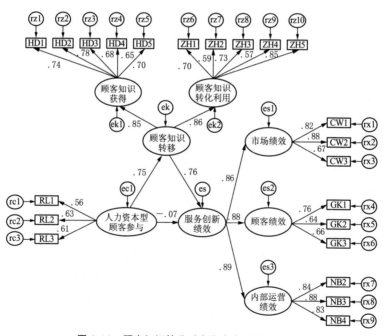

图 6-16 顾客知识转移对人力资本型顾客参与和服务创新绩效的中介作用模型

表 6-26　顾客知识转移对人力资本型顾客参与和服务
创新绩效中介效应检验

影响路径	标准化路径系数	P 值	结果
变量两两回归			
人力资本型顾客参与—顾客知识转移	0.65	**	显著
人力资本型顾客参与—服务创新绩效	0.42	**	显著
顾客知识转移—服务创新绩效	0.70	**	显著
整体中介模型			
人力资本型顾客参与—服务创新绩效	-0.07	0.605	不显著
拟合优度指数			

CMIN/DF	CFI	IFI	GFI	AGFI	RMSEA
1.813	0.914	0.916	0.865	0.851	0.059

注: ** 表示 < 0.001。

我们先对变量两两回归, 人力资本型顾客参与对顾客知识转移有显著的正向影响(标准化路径系数是 0.85, 且 P < 0.001); 接着, 人力资本型顾客参与对服务创新绩效也有显著的正向影响(标准化路径系数为 0.61, P < 0.001); 顾客知识转移对服务创新绩效有显著的正向影响(标准化路径系数为 0.7, P < 0.001); 当人力资本型顾客参与和顾客知识转移同时对服务创新绩效进行回归时, 人力资本型顾客参与对服务创新绩效的影响明显降低且不显著(标准化路径系数为 0.05, P < 0.001)。这样便可以证明, 顾客知识转移对人力资本型顾客参与和服务创新绩效间的关系有完全中介作用。

从模型拟合指标来看, CMIN/DF 的值小于 3, CFI、IFI 的值都大于 0.9; GFI、AGFI 的值大于 0.85; RMSEA 小于 0.08, 因此,

可以判断顾客知识转移对人力资本型顾客参与和服务创新绩效的中介作用模型整体拟合较好。

（3）顾客知识转移对社会资本型顾客参与和服务创新绩效的中介影响

根据以上步骤对顾客知识转移对社会资本型顾客参与和服务创新绩效的中介作用进行检验，结构方程模型结果见图6-17，模型的估计值见表6-27。

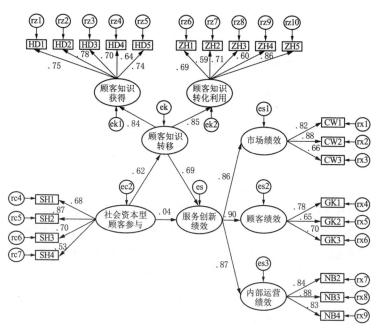

图 6-17　顾客知识转移对社会资本型顾客参与和
服务创新绩效的中介作用模型

我们先对变量两两回归，社会资本型顾客参与对顾客知识转移有显著的正向影响（标准化路径系数是 0.85，且 P < 0.001）；接着，社会资本型顾客参与对服务创新绩效也有显著的正向影响

表 6-27　顾客知识转移对社会资本型顾客参与和服务
创新绩效的中介效应检验

影响路径	标准化路径系数	P 值	结果
变量两两回归			
社会资本型顾客参与—顾客知识转移	0.67	**	显著
社会资本型顾客参与—服务创新绩效	0.46	**	显著
顾客知识转移—服务创新绩效	0.72	**	显著
整体中介模型			
社会资本型顾客参与—服务创新绩效	0.03	0.730	不显著
拟合优度指数			

CMIN/DF	CFI	IFI	GFI	AGFI	RMSEA
1.642	0.947	0.947	0.889	0.860	0.056

注：** 表示 < 0.001。

（标准化路径系数为 0.61，P < 0.001）；顾客知识转移对服务创新绩效有显著的正向影响（标准化路径系数为 0.7，P < 0.001）；当社会资本型顾客参与和顾客知识转移同时对服务创新绩效进行回归时，顾客参与对服务创新绩效的影响明显降低且不显著（标准化路径系数为 0.05，P < 0.001）。这样便可以证明，顾客知识转移对社会资本型顾客参与和服务创新绩效间的关系有完全中介作用。

从模型拟合指标来看，CMIN/DF 的值小于 3，CFI、IFI 的值都大于 0.9；GFI、AGFI 的值大于 0.85；RMSEA 小于 0.08，因此，可以判断顾客知识转移对社会资本型顾客参与和服务创新绩效的中介作用模型整体拟合较好。

（4）顾客知识转移对心理资本型顾客参与和服务创新绩效的中介影响

根据以上步骤对顾客知识转移对心理资本型顾客参与和服务创新绩效的中介作用进行检验，结构方程模型结果如见图 6-18，模型的估计值见表 6-28。

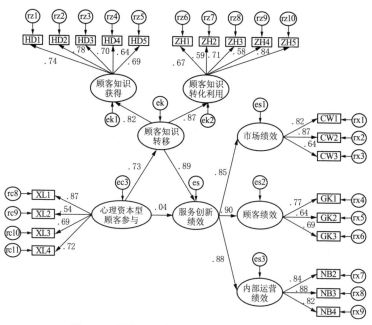

**图 6-18　顾客知识转移对心理资本型顾客参与和
服务创新绩效的中介作用模型**

我们先对变量两两回归，心理资本型顾客参与对顾客知识转移有显著的正向影响（标准化路径系数是 0.85，且 P < 0.001）；接着心理资本型顾客参与对服务创新绩效也有显著的正向影响（标准化路径系数为 0.61，P < 0.001）；顾客知识转移对服务创新绩效有显著的正向影响（标准化路径系数为 0.7，P<0.001）；

表 6-28　顾客知识转移对心理资本型顾客参与和服务
创新绩效的中介效应检验

影响路径			标准化路径系数	P 值	结果
变量两两回归					
心理资本型顾客参与—顾客知识转移			0.70	**	显著
心理资本型顾客参与—服务创新绩效			0.53	**	显著
顾客知识转移—服务创新绩效			0.72	**	显著
整体中介模型					
心理资本型顾客参与—服务创新绩效			0.03	0.788	不显著
拟合优度指数					
CMIN/DF	CFI	IFI	GFI	AGFI	RMSEA
1.783	0.932	0.935	0.887	0.854	0.057

注：** 表示 < 0.001。

当心理资本型顾客参与和顾客知识转移同时对服务创新绩效进行回归时，心理资本型顾客参与对服务创新绩效的影响明显降低且不显著（标准化路径系数为 0.05，P < 0.001）。这样便可以证明，顾客知识转移对心理资本型顾客参与和服务创新绩效间的关系有完全中介作用。

从模型拟合指标来看，CMIN/DF 的值小于 3，CFI、IFI 的值都大于 0.9；GFI、AGFI 的值大于 0.85；RMSEA 小于 0.08，因此，可以判断顾客知识转移对心理资本型顾客参与和服务创新绩效的中介作用模型整体拟合较好。

五、领先顾客导向的调节作用

在验证了顾客知识转移对顾客参与和服务创新绩效存在正向中介作用后，我们需要用结构方程模型来验证领先顾客导向是

否在顾客参与和服务创新绩效中存在调节作用。借鉴 James 等
（1984）所描述变量的调节作用原理：如果 Y 与自变量 X 的关系
是变量 M 的函数，则将 M 称为调节变量。也就是说，因变量和
自变量的关系间的强弱（正或负）会受到第三个变量的影响，这
第三个变量即调节变量。本书利用 AMOS 软件采用分组分析法
（Multiple Group Analysis）来检验领先顾客导向的调节作用。此
方法是通过考察变量的调节效应来检验模型稳定性，适合检验模
型在不同调节水平上的拟合程度。

　　基于领先顾客导向的 5 个指标对样本进行聚类分析，在 230
个样本中，可以将样本分成两组。方差分析表明，组 A（135）的
均值都显著高于组 B（N = 95）的均值。我们可以将组 A 命名为
高领先顾客导向，组 B 命名为低领先顾客导向，并将两组样本数
据进行拟合成模型，结果如表 6-29 所示。

表 6-29　按领先顾客导向分组模型估计

影响路径	组 A		组 B		无分组结果	
	路径系数	P 值	路径系数	P 值	路径系数	P 值
顾客参与—顾客知识转移	1.320	**	0.526	**	0.85	**
顾客知识转移—服务创新绩效	0.534	**	-4.295	0.955	0.70	**
顾客参与—服务创新绩效	-0.02	0.895	6.601	0.90	0.60	0.980

注：** 表示 $P < 0.001$。

　　从表 6-29 中可以看出，分组后，两组的顾客参与对顾客知识
转移都有显著的正影响（路径系数为 1.320，$P < 0.001$；路径系
数为 0.526，$P < 0.001$）；在高领先顾客导向组中，顾客知识转

移对服务创新绩效有显著影响（路径系数为 0.534，P < 0.001），而低领先顾客导向组中，顾客知识转移对服务创新绩效的影响不显著（路径系数为 −4.295，P = 0.955）。此外，在两组中，顾客参与对服务创新绩效指标的影响均不显著。

接着，利用 AMOS 的多组比较法，对两组中的领先顾客导向的调节作用在各路径系数上的差异进行比较，检验是否显著，结果如表 6-30 所示。

表 6-30　领先顾客导向调节作用检验结果

序号	假设：在两个组中	路径系数	P 值
1	顾客参与对顾客知识转移的路径系数相等	0.773**	0.000
2	顾客知识转移对服务创新的路径系数相等	0.545**	0.000

注：** 表示 P < 0.001。

对表的分析表明，序号 1 中的 t 值在 0.001 的水平上是显著的，说明在不同领先顾客导向水平下，顾客参与对顾客知识转移的影响有显著的差异。当领先顾客导向由低向高转换时，顾客参与对顾客知识转移的作用呈现增强的趋势，证明领先用户对顾客参与和顾客知识转移有正向调节作用，H5 得到验证。

序号 2 中的 t 值在 0.001 的水平上是显著的，说明在不同领先顾客导向水平下，顾客知识转移对服务创新绩效的影响有显著的差异。当领先顾客导向由低向高转换时，顾客知识转移对服务创新的影响由不显著转为显著，证明领先顾客导向对顾客知识转移和服务创新绩效有正向调节作用，H6 得到验证。

六、互联网思维导向的调节作用

在验证了领先顾客导向的调节作用后，我们需要用结构方程模型来验证互联网思维导向是否在顾客参与和服务创新绩效中存在调节作用。我们同样利用 AMOS 软件采用分组分析法

（MGA）来检验互联网思维导向的调节作用。通过考察变量的调节效应来检验模型稳定性，适合检验模型在不同调节水平上的拟合程度。

基于互联网思维导向的 3 个指标对样本进行聚类分析，在 230 个样本中，可以将样本分成两组。方差分析表明，组 C（143）的均值都显著高于组 D（N = 87）的均值，我们可以将组 C 命名为高互联网思维导向，组 D 命名为低互联网思维导向，并将两组样本数据进行拟合成模型，结果如表 6-31 所示。

表 6-31 按互联网思维导向分组模型估计

影响路径	组 C		组 D		无分组结果	
	路径系数	P 值	路径系数	P 值	路径系数	P 值
顾客参与—顾客知识转移	1.408	**	0.497	**	0.85	**
顾客知识转移—服务创新绩效	0.672	**	−5.356	0.96	0.70	**
顾客参与—服务创新绩效	−0.15	0.899	5.706	0.95	0.60	0.980

注：** 表示 P < 0.001。

从表 6-31 中可以看出，分组后，两组的顾客参与对顾客知识转移都有显著的正影响（路径系数为 1.408，P < 0.001；路径系数为 0.497，P < 0.001）；在高领先顾客导向组中，顾客知识转移对服务创新绩效有显著影响（路径系数为 0.672，P < 0.001），而低领先顾客导向组中，顾客知识转移对服务创新绩效的影响不显著（路径系数为 −5.356，P = 0.96）。此外，在二组中，顾客参与对服务创新绩效指标的影响均不显著。

接着，利用 AMOS 的多组比较法，对两组中的领先顾客导向的调节作用在各路径系数上的差异进行比较,检验是否显著,结果如表 6-32 所示。

表 6-32　互联网思维导向调节作用检验结果

序号	假设:在两个组中	路径系数	P 值
3	顾客参与对顾客知识转移的路径系数相等	0.856**	0.000
4	顾客知识转移对服务创新的路径系数相等	0.641**	0.000

注:** 表示 P < 0.001。

对表的分析表明,序号 3 中的 t 值在 0.001 的水平上是显著的,说明在不同互联网思维导向水平下,顾客参与对顾客知识转移的影响有显著的差异。当互联网思维导向由低向高转换时,顾客参与对顾客知识转移的作用呈现增强的趋势,证明互联网思维导向对顾客参与和顾客知识转移有正向调节作用,H7 得到验证。

在序号 4 中的 t 值在 0.001 的水平上是显著的,说明在不同互联网思维导向水平下,顾客知识转移对服务创新绩效的影响有显著的差异。当互联网思维导向由低向高转换时,顾客知识转移对服务创新的影响由不显著转为显著,证明互联网思维导向对顾客知识转移和服务创新绩效有正向调节作用,H8 得到验证。

第五节　本章小结

本章首先对本书的数据收集过程作了介绍,接着对样本数据进行描述性统计分析,并对样本的偏度和峰度进行检验,以保证数据满足正态分布的要求。最后使用验证性因子分析方法检验了量表的信度和效度,检验结果证明了各个变量的量表具有可以接受的信度和效度。本章的第二部分,基于调研获得的 230 份有效问卷,运用结构方程模型方法检验了本书提出的理论模型和相关假设。首先对顾客参与对服务创新绩效的直接影响进行验证;再分别对顾客参与和顾客知识转移的影响,顾客知识转移对服务创新绩效的影响进行验证。本章也验证了顾客知识转移在顾客参与和服务创新绩效中的中介作用;最后分别对领先顾客导向和互联网思维导向在顾客参与和顾客知识转移以及顾客知识转移和服务创新绩效间的调节作用进行了验证。最终的假设检验结果如表6-33所示,15条假设都得到支持。

表 6-33　假设检验结果汇总

	假　设　内　容	检验结果
H1	**顾客参与对服务创新绩效存在显著正向影响**	**支持**
H1a	人力资本型顾客参与对服务创新绩效存在显著正向影响	支持
H1b	社会资本型顾客参与对服务创新绩效存在显著正向影响	支持
H1c	心理资本型顾客参与对服务创新绩效存在显著正向影响	支持
H2	**顾客参与对顾客知识转移存在显著正向影响**	**支持**
H2a	人力资本型顾客参与对顾客知识转移存在显著正向影响	支持
H2b	社会资本型顾客参与对顾客知识转移存在显著正向影响	支持
H2c	心理资本型顾客参与对顾客知识转移存在显著正向影响	支持
H3	**顾客知识转移对服务创新绩效存在显著正向影响**	**支持**
H4	**顾客知识转移在顾客参与和服务创新绩效间存在显著中介作用**	**支持**
H4a	顾客知识转移在人力资本型顾客参与和服务创新绩效间存在显著中介作用	支持
H4b	顾客知识转移在社会资本型顾客参与和服务创新绩效间存在显著中介作用	支持
H4c	顾客知识转移在心理资本型顾客参与和服务创新绩效间存在显著中介作用	支持
H5	**领先用户导向在顾客参与和顾客知识转移间存在显著正向调节作用**	**支持**

（续表）

	假 设 内 容	检验结果
H6	领先用户导向在顾客知识转移和服务创新绩效间存在显著正向调节作用	支持
H7	互联网思维导向在顾客参与和顾客知识转移间存在显著正向调节作用	支持
H8	互联网思维导向在顾客知识转移和服务创新绩效间存在显著正向调节作用	支持

第七章 顾客参与服务创新案例及策略分析

第一节 个案研究法

个案研究法是指连续一段时间内,调查某一个体、群体或组织,以研究其行为变化的过程。在商学院个案研究常常使用真实的公司作为素材,来搜集、记录以建立个案报告,以便进一步研究分析与寻求问题的解决方法。下面将通过三个案例的分析,来探讨顾客参与的管理策略。

一、个案研究法的资料来源

个案研究法起源于 1870 年,当时法律文献的快速增长和传统教学法的饱受诟病,成为法律教育的两大难题。美国的法律制度有着承认判例为法律渊源的传统。时任哈佛大学法学院院长兰德尔认为,既然现有的法律条文能从先前的案例得以扩展解释,那么法律教学也可以通过对一系列案例的研究展开。他的论点得到校方支持,由此揭开了个案研究的序幕。

个案研究法相继被成功应用于法律和医学教育领域,又于 1908 年被哈佛大学的洛厄尔教授引入商业教育领域。由于可用的案例在商业领域奇缺,随着哈佛商学院借鉴法律教育中的案例法并在商业课程中推广,越来越多的商学院学者开始大量收集和

研究商业案例。这使个案研究法成为引导学生学习如何分析证
实案例的重要途径。

二、个案研究法的资料起源

个案研究法的资料来源广泛，但主要可以归纳为：文件、档案
记录、访谈、直接观察、参与观察。其中，访谈可以是开放式访谈，
或焦点式访谈。直接观察指研究人员直接到实地进行观察。参与观
察是指研究者不是被动的观察者，还会参与到正在研究的事件中。

三、个案分析的研究步骤

本书选择了小米公司、giffgaff 公司以及 Qualia 顾客采集评
估系统作为个案分析的对象，以了解用户如何参与互联网企业的
服务创新。具体分析研究步骤如下：

个案资料的搜集整理。个案资料的搜集方式包括观察相关
企业及其运作情况与搜集次级资料。具体资料来源包括：

第一，记录用户实际参与互联网企业的创新模式、过程及相
关服务质量体验，观察顾客与企业的互动情形。

第二，搜集次级资料。小米的创始人之一黎万强所创办的
《参与感》等相关期刊、专业互联网评论信息、数据库、财务报表
等，如虎嗅、网易经济。

资料汇总与分析，将以上收集到的次级资料和关于互联网企
业与客户互动的不同来源的文件进行整理汇总，并归纳分析，进
而提出本书的结论。

第二节 个案一：MIUI 操作系统的创新

一、小米公司的发展历程

小米公司全称北京小米科技有限责任公司。成立于 2010 年

4月，是一家专注于智能手机自主研发的创新性移动互联网科技公司，从旗下最初的三大核心业务拓展为：智能手机、MIUI（手机操作系统）、米聊（网络社交工具）、小米网（在线购物平台）、小米盒子（网络电视终端）、小米电视（互联网电视）、小米路由器七大核心业务。所以，从小米公司与传统意义上的手机制造型企业有天壤之别。

　　小米的创始人之一雷军，曾是金山软件创始人、CEO，创办了卓越网，曾经投资凡客诚品、多玩、优视科技等多家创新性的互联网企业，是一个标准的互联网"老兵"，他将互联网思维归结为：专注、极致、口碑、快。这七字诀，被后来者广为引用。2010年他选择重新创业，小米人主要由来自微软、谷歌、金山软件、摩托罗拉等国内著名IT公司的资深员工组成，小米倡导创新、快速的企业文化，"为发烧而生"是小米的产品理念。公司首创利用互联网开发和改进手机操作系统，并由几十万个发烧友共同参与开发改进。

　　2010年8月推出首个内测版本。12月"米聊"内测版发布。2011年8月首部小米手机发布，9月5日开放网络预订，半天内预订量就超过30万台。9月30日米聊注册用户超过7000万户；MIUI已支持92款手机，论坛用户数超6000万。2012年1月小米手机通过网络开放第一轮和第二轮购买，都不到半小时10万手机便被抢购一空。小米公司出品的后续产品，几乎回回都是被拥趸以秒杀的速度抢购一空。6月26日，小米完成第一轮2.16亿美元融资，小米公司估值已达40亿美元。因行为举止酷似苹果创始人乔布斯，雷军本人也被粉丝称为"雷布斯"。2013年，小米又相继推出了小米手机2、1S、MIUI V5、小米盒子等一系列在当时市场性价比极高的互联网产品，面对的同样是粉丝们的疯狂追捧。8月12日曾创下90秒，10万台红米手机售罄的手机销售纪录。伴随着媒体和消费者对小米"饥饿营销"的质疑，在8月23日小米完成了新一轮融资，估值达100亿美元。这意味着小米成为继阿里、腾讯、百度之后的第四大互联网公司。

二、MIUI 操作系统介绍

手机操作系统是智能手机的灵魂，也是各种应用（App）的平台和载体。智能手机市场目前存在苹果公司开发的 IOS 和由谷歌公司开发的安卓（Andriod）两大主流操作系统。而谷歌的安卓系统是开源的，所以诸多软硬件厂商和爱好者对其进行个性化的修改和优化。

MIUI 是小米公司一款基于安卓（Andriod）的手机操作系统。早在手机发布之前，小米就已经发布了 MIUI。从2010年8月16日发布开始，至2015年2月13日，MIUI 的用户已达1亿户。小米创始人雷军把 MIUI 称为"互联网思维的试金石，敏捷迭代更新的加速器和小米价值观的方法论的播种机"，这验证了雷军本人对互联网思维思考的"专注、极致、口碑、快"七字诀。

MIUI 自发布日至2015年2月，已支持31种语言，在31个国家有粉丝站，产品覆盖112个国家。从当初功能和界面创新，到建设和完善内容、生态环境，MIUI 目前已经演变为搭建与用户最近的移动生活服务平台。雷军曾经表示，MIUI 是活的系统，凝聚着1亿个活跃用户的趣味和智慧，更是积极、聪明、高效灵活的移动生活方式和态度。小米首创的手机主题生态，逾3000名设计师提交作品，已收纳超过1万款精品主题。小米应用商店日均应用分发能力达3500万次，总分发量截至2015年2月已经突破140亿次。小米游戏中心月流水达1.97亿元，2014年与开发者分成超过6亿元。

三、MIUI 操作系统用户参与创新策略

作为一款手机操作系统，本身开发周期较长，如何做出用户

青睐的产品,听取用户意见并管理好他们的需求成为问题的关键。雷军结合他的互联网七字诀提出了互联网开发模式——每周迭代、用户参与、口碑传播。由于互联网用户产品转换成本低,所以用户忠诚不高,要留住消费者,产品一定要好。所以随时根据用户需求改进产品,甚至让用户参与开发过程,就很必要。迫于经费,小米对 MIUI 的推广考虑用忠诚的用户即粉丝的口碑来进行传播。所以小米倡导的用户关系指导思想是——和用户做朋友。另外,每个员工在入职后能领到一部工程机,当日常机使用,并且每个月都能领到几个 F 码(Friend Code),用以邀请员工的朋友,让他们具有优先购买资格,也让他们用起来,从而最终和用户的朋友也成为朋友。

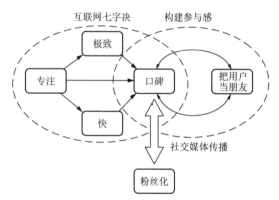

图 7-1　雷军提出的顾客参与创新机制

小米在开发产品和服务的企业运营过程中,让用户参与进来,和用户像朋友一样玩乐,讨论产品,通过论坛、米聊或微博等沟通搜集需求,同时这也是对产品的一种传播与推广。小米为消费者构建参与感而提出了"三三法则",即三个战略——"做爆品"的产品战略、"做粉丝"的用户战略、"做自媒体"的内容战略；三个战术——开发参与节点、设计互动方式、扩散口碑事件。

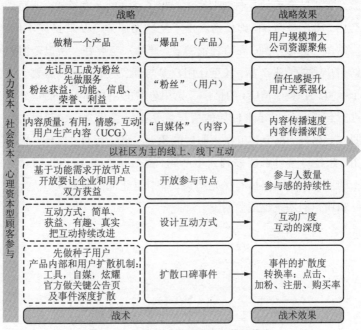

图 7-2　小米公司的顾客参与战略战术

MIUI 进行了名为"橙色星期五"的互联网开发模式，它的核心就是 MIUI 团队与用户在论坛的互动。通过搭建网络论坛，MIUI 构建了 10 万人的开发团队。这个团队构成犹如洋葱结构层层包裹：最里层是公司 100 多人的工程师团队；外一层是论坛通过面对面的人工审核的、具有极强专业水准的 1000 个荣誉内测组成员；次外层是 10 万个对产品功能改进非常热衷的开发版用户；最外围是不断扩大的 MIUI 稳定版用户。他们用各自的方式参与到 MIUI 的更新中。

MIUI 的更新升级制度形成了不同的梯队版本，每周五下午新一版的 MIUI 会发布，第二周的周二经过周末的体验，用户们

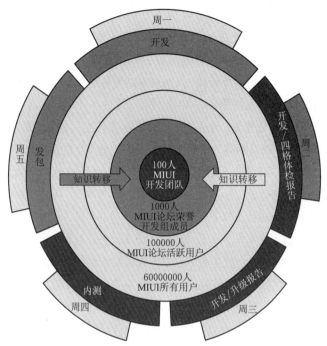

图 7-3　小米 MIUI 互联网开发人员结构下的"橙色星期五"开发模式

会提交四格体验报告。从最初的上万条反馈到四年后的十多万条反馈参与。经过汇总团队来发现用户第一周喜欢哪些功能，哪些需要调整，哪些期待开发。内部则设立"爆米花"奖，即通过用户对功能的投票，产品周最佳项目，奖励员工一桶爆米花，并奉为"大神"。

四、MIUI 操作系统用户参与创新机制分析

如今的消费者不再只限于简单的买来产品属性，而是延伸出更多的社会体属性，即关乎我得到什么样的体验和参与什么样的体验。MIUI 正是基于这种思想来构建用户参与创新策略的。MIUI 的用户参与创新，我们可以从中看到本书所提出的观点。

（1）用户三维度资本参与的协同推进知识转移

用户和员工同处在 MIUI 的创新开发生态圈中，用户即员工，员工即用户。其中根据用户的能力、技能、经验、参与程度等人力资本的高低区分了内外结构，人力资本的专有性和群体性使得它在社会协作系统中发挥作用，MIUI 的用户通过各种社交沟通工具贡献自己的创意与智慧，与这些社会资本紧密相连。在每周的 MIUI 发布测试后，创新的参与者得到了不同的心理资本的提升，即获得愉悦、满足、成就感，促进其人力资本的投入。而彼此的互动关系通过社交沟通得到进一步增强即社会资本得到提升，同样良好的心理资本和更高的社会资本促进其参与和学习的热情，有助其在下一次更新中投入更高的人力资本。在 MIUI 的更新过程中，参与者的人力资本投入、社会资本投入、心理资本投入互相协同，形成了知识势差，进而引发知识转移。当参与者与企业共享了这些知识，企业吸收了知识，消除了知识势差。第二周，三者协同互动，又形成了新的知识势差，如此形成良性循环，不断促进 MIUI 的创新。

（2）实施知识转移策略影响创新绩效

MIUI 开发团队每天面对十几万用户的需求，这是一个极大的知识势差，他们通过三方面的测量来实现知识的获取和转化吸收。这三方面分别是：格式化客户需求、快速公示需求改进计划、团队结构"碎片化"。

格式化客户需求：将论坛做出帖子的辅助功能，如此前的顾客已经提出类似的需求，再有此想法的顾客可以选择"我也需要这样的功能"。这样，每周最紧迫的需求会按照热度自然显现。

快速公示需求改进计划：MIUI 论坛有完整的更新公告体系，可告知用户哪些是已经更新的，哪些是推荐的；有些特殊的需求还可进行单独讨论，也会公示在论坛中；另外，团队会对 1 个月的更新计划作出说明。

团队机构碎片化：两三人构成一个小组，公司给予充分自治权，甚至该小组可以长期改进一个模块。大约有 30% 的论坛用户提出改进需求，小组自己就快速地进行开发了。哪怕用户天天围着工程师，最后改进了一个不是急需的功能，但是由于周周迭代，很快就弥补了这样的错误。

客户与企业的知识势差，通过这样的知识转移策略，自然而然地进行着，团队的好坏由客户说了算，内部运营绩效很高；同时客户能够快解决所需的改进，客户绩效也得到提升，市场的绩效自然也高。

（3）创新绩效的关系反作用用户三维度资本参与

MIUI 的好坏由用户说了算，工程师在小米公司要去直面消费者，在论坛的活跃时间作为考核指标，好的改进会受到用户激励；有问题的改进，工程师不需公司规定，自己埋头修改。MIUI用了 4 年时间，用户数突破 1 亿户。小米公司还有两面陈列墙，并且还在扩大，里面放着全国各地用户的小礼物，从中可以看出内部绩效与客户的绩效互相影响，良好的客户绩效也意味着潜在市场效应。小米应用商店日均应用分发能力达 3500 万次，总分发量截至 2015 年 2 月已经突破 140 亿次。小米游戏中心月流水达 1.97 亿元，2014 年与开发者分成超过 6 亿元。

MIUI 在每周的升级中，都会有公告和视频教程。看完视频的用户可以马上到论坛交流，当用户升级系统后，会有消息引导到微博微信等社交媒体去分享新版本体验。这样 MIUI 的用户在每周的更新中，得到很高的客户绩效。这样，反过来又使顾客愿意在下周的更新中投入更多即提升用户的三维度投入，提升下一轮的资本协同。

（4）互联网思维下的粉丝战略

小米创始人雷军从创立公司之初就构建了以互联网思维为

核心的粉丝化战略，吸引客户成为粉丝，让粉丝为企业营销，让粉丝为其他客户服务，通过粉丝为小米的发展出谋划策。

具体来看小米的粉丝战略包括开放参与节点、设计互动事件、扩散口碑事件几大战术。通过参与节点，小米让顾客成为和自己一样的战友，顾客为自己想要的产品建言献策，小米则得到具有市场竞争力的产品，双方有着共同的目标，共同努力。小米通过设计各种简单、有趣的互动事件，不但得到大量的用户，还使自己的知名度和品牌美誉度提高并让不少顾客成为潜在顾客。比如，小米的互联网抢购模式、每周的 MIUI 的更新、新品发布会等。小米非常善于品牌传播，创造了一系列口碑事件并助推其快速传播、发酵。比如百万征集壁纸、小米手机照片 pk 单反、英雄帖等一系列形式多样的线上线下活动，并形成大范围的传播效果。

（5）小米洋葱皮式的用户群分结构

小米开放了尽可能多的创新节点，让用户参与创新，但因面对的用户素质参差不齐，小米构建了类似洋葱皮式的层次用户结构。最核心的是其开发团队，外面是精挑细选出的荣誉开发队友。他们都是具有很强的技术背景并在各大网站担任意见领袖。他们紧密协同开发团队对产品进行开发，首轮试用，并负责进行首轮传播以及各类互动活动的策划实施。再外一层是论坛活跃用户，这批用户承担了为产品发展出谋划策、试用、事件的扩散工作，互动活动的参与和实施。最外一层是大量的小米用户，它基数庞大，小米通过技术手段和客户管理策略将用户的个人信息、个人建议和体验进行有效管理。他们是事件扩散，互动活动的主要参与者。

小米通过合理的用户群分，对其所具有的资本进行最大限度的挖掘和利用，形成了有效的创新效应。

第三节　个案二：giffgaff 公司的客户服务创新

一、giffgaff 公司的发展历程

giffgaff 是总部位于英国的移动电话公司，成立于 2009 年 11 月 25 日，是一家移动虚拟网络运营商，是英国通讯公司（后被西班牙电信收购）O$_2$ 的全资公司，使用的是 O$_2$ 的电信网络。公司创始人是 Gav Thompson，他同时是 O$_2$ 的品牌战略总监。2008 年在进修 Web2.0 商务后，他产生了最初的灵感。giffgaff 与其他传统的移动电话运营商不同，其用户可以参与公司的部分运营，如销售、客服、营销甚至开发等环节。同时作为参与运营的回报，用户会得到公司的回报（Payback）补偿，也即相应的资费补偿。

giffgaff 的意思在苏格兰英语中是"互赠"，公司的广告语是"The mobile network run by you（您的移动网络您做主）"，这充分体现了公司的精神，即顾客通过各种活动帮助企业运营，企业通过更好的服务回赠消费者。2010 年，即 giffgaff 运营的第一年就获得了行业大奖：Forrest Groundswell Award（弗雷斯特风潮奖）和 Most Innovative Community Award（最具创新社区奖），并获得营销协会年度品牌五大入围品牌之一。

该公司 2010 年成立时仅有 25 名正式员工（其中 4 名营销，3 名 IT），没有呼叫中心，没有实体店，不卖充值卡，不做广告，全是在线运营。截至 2012 年年底，客户超过 80 万户，2017 年达 100 万户。2011 年营收 1900 万镑，客户满意度 91%。

二、giffgaff 的业务模式

该公司的核心业务是 SIM 卡，用户可以通过在线订购或朋

友赠送获得。giffgaff 产品体系简单，基本只有两种：一种是带有通信组合的手机套餐，一种是数据卡套餐。Giffgaff 的产品比其他在英电信公司要便宜许多。这得益于它独特的运营模式。公司通过建立官网，在官网进行产品与服务的销售，官网下设用户社区，用户社区是用户与公司及用户与用户沟通的主要平台，社区承载了主要的客户服务功能和产品创新、决策功能。如果社区无法完成，则由外包服务的模式解决（Saas）。

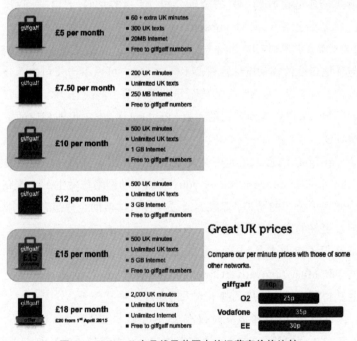

图 7-4　giffgaff 产品线及英国电信运营商价格比较

当会员有问题时可以通过官网的帮助板块（Help）来提问，也可以直接搜索知识库（knowledge base）或直接向社区内提问，或直接问公司或在 youtube 与 twitter 上查看相关视频或转帖。

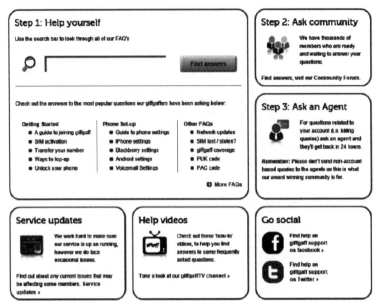

图 7-5　giffgaff 自助帮助页面

　　giffgaff 的回赠机制是，用户通过参与公司运营而获得积分，积分可以提现或捐给慈善机构，但是该机构的价值观必须与 giffgaff 一致。

三、giffgaff 用户参与创新模式

　　giffgaff 参与创新的主要有：顾客参与客户服务、客户参与营销、客户参与新服务开发等企业的产品及服务的运营活动。

　　社区中的帮助板块是最为活跃的区域，用户在社区内进行解答，互相帮助。根据统计，会员所提问题平均回应时间是 90 秒，平均解决时间是 3 分钟，95% 的问题在 60 分钟内得到回应。有 20% 的会员曾参与解答问题，有 25% 的会员每月至少发一个帖子，有 1% 的超级会员平均每天在社区工作中投入 9 小时。工作量大的会员每月回答问题超过 1000 个。

187

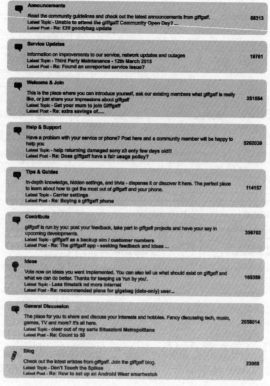

图 7-6　giffgaff 社区页面（用户参与服务过程）

　　giffgaff 进行的是"全员"营销，即老用户推荐新用户使用，而推荐成功会使新老用户同时获得 5 镑的话费。全部会员中有 25% 的会员来自老会员推荐，5% 的来自社交媒体，而会员又成为各大论坛重要的口碑营销的主力军。

　　giffgaff 也是重要的创意收集平台。用户可以在社区的想法（idea）板块中提交，同时想法还被分为热门点子（Hot idea）、置顶点子（Top idea）和新点子（New idea），其他用户可以进行评价和分享。

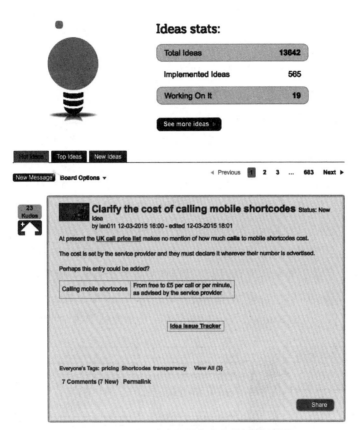

图 7-7　giffgaff 用户参与服务产品创新统计页面

　　Giffgaff 实验室（giffgaff labs）是新产品的试用场所，新产品的概念首先在实验室中测试，接着对所有社区会员进行试用版测试，如果很受欢迎，则将其纳入主打产品，否则予以撤销。例如 2010 年的 5 镑产品（电话每分钟 2 便士，短信 1 便士），在实验期满后就被撤销；而另一款产品冰激凌（Hokey），则获得保留并成为产品。

　　社区所匹配的智能手机应用于 2010 年 7 月上线，用以帮助

189

用户管理账户和访问论坛。这些应用也都是由社区会员而非公司成员维护。

四、giffgaff 用户参与创新机制分析

giffgaff 的产品元素非常简单，几乎就是上网数据、国际国内电话、短信或几个项目的组合。在非常成熟的欧洲的电信市场中，控制成本，提升个性化服务，尽可能丰富产品选择成为主要的竞争内容。

giffgaff 通过用户直接参与销售、客服、营销甚至产品研发，通过自主管理的在线社区与"回赠"机制，充分发挥了 Web2.0 时代的"我为人人、人人为我"的互联网精神。

用户社区是重要的用户沟通和参与平台，giffgaff 的销售、客服、产品创意全部放在网上，社区内容的维护也基本全靠用户自主更新，所以 giffgaff 采用的激励参与策略主要有三种：积分奖励（可以变现的 Kudoed 积分）、排行榜（贡献的帖子数、回复数、积

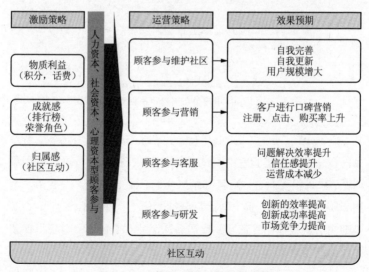

图 7-8　giffgaff 公司的顾客参与策略

分数）、荣誉角色（分为专家级帮手、贡献级帮手、骨干级助手）。

社区中用户通过投入各自的知识、技能等（人力资本），老用户对新用户的推荐（社会资本）；用户对社区互动的加强（社会资本），从而深度参与信息推送、营销、客服甚至研发等服务传递、服务创新过程。而 giffgaff 公司通过社区，收获了巨大的活跃用户群、高用户转化率、高效的客户服务和富有竞争性的产品。

第四节　个案三：Qualia 顾客信息采集评估系统改进实践

2015 年 2 月至 9 月笔者以访问学者兼中心成员的身份，在英国普利茅斯大学的 i-DAT 研究中心进行访问交流。在交流期间，笔者与该中心的成员进行了顾客参与方面的讨论，共同合作为其开发的 Qualia 数据采集评价系统进行提升和改进。基于该系统，我们为 Cheltenham 节日、Atrory 文化推广、海洋博物馆等开发了一系列项目，也为本书的理论研究提供了很好的实践检验机会。

i-DAT 是一个追寻创新技术与趣味体验的开放性的研究机构。该中心致力于数据的可触及性、趣味性、可获得性的探索，以此帮助公众、艺术家、工程师、科学家进行文化和艺术的表达，增加社会影响。i-DAT 已经建立了一套可视化的横跨环境、社会、文化语境的研究框架，它分为：Arch-OS（环境—建筑）；Bio-OS（有机物—人群和身体）；S-OS（社会—传媒）；Eco-OS（环境—全景）；Dome-OS（环境—天幕空间）。在运作系统（Operating Systems）的模式下，研究中心先后为包括英格兰艺术部（Arts Council England），普利茅斯市政厅（Plymouth

City Council），联合国教科文组织（UNESCO），世界遗产组织（World Heritage Sites）等在内的一系列非政府、公共或私人组织提供解决方案。

一、Qualia 简介

Qualia 是 i-DAT 研究领域中 S-OS（社会—传媒）系统下的一个数字技术和研究项目，旨在通过颠覆性的方式对艺术和文化活动中的观众体验进行衡量。结合移动手机应用，信息控制触摸屏和在线分析工具 Qualia，来提高用户参与性和评价技术。

Qualia 包含两个核心部分。网络引擎（Web engine）是提供观众数据采集和处理的工作环境。通过与 Qualia 移动手机应用、社交网络分析及其他软硬件装置的配合，网络引擎能提供观众体验的实时反馈。手机应用（App）方面为 Android 和 IOS 用户提供这样一款手机应用：能够让用户安排个性化的日程，通过回答设定问题给出自己的反馈意见，通过额外的 Qualia 观众跟踪软硬件，Qualia 能够帮助用户查看人流活动地图，并且实时生成观众的可视化"情绪"图标。

Qualia 作为开源的软件系统，方便其他组织进行二次开发。目前已经先后为普利茅斯城市文化节、不列颠文化节、Cheltenham 节日等项目作了个性化的开发与应用。作为一个突

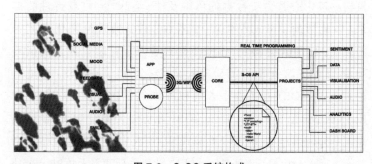

图 7-9　S-OS 系统构成

破性的产品，它同样面临许多问题，所以需要在不同的项目中渐渐完善。而笔者对顾客参与方面的理论研究也为该项目的完善提供了支持，并在后续的 Atrory 文化推广、海洋博物馆等项目中得到了实践和应用。

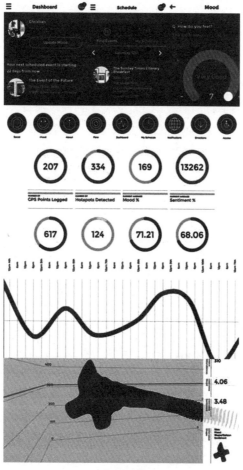

图 7-10　Qualia 的主要操作界面及后台可视化数据

二、Qualia 行动研究过程

与上文其他两个案例不同，对于 Qualia 的研究，笔者作为中心的研究成员全程参与，采用了行动研究方法，与开发人员一起，不断发现并解决问题，通过调整完善 Qualia，来提升顾客参与度和服务创新的绩效。

行动研究是由美国的 Coller 和 Lewin 提出的社会科学的研究方法，并由 Corey 应用于教育领域，用以解决教学中的现实问题。Elliot 指出，行动研究是通过对社会情景的研究，来改善社会情境中的行动质量的一种研究取向。[289] Kennmis 和 Mc Taggart 归纳了行动研究的三个特点：有一线项目人员参与，具有合作性质，研究目的是解决实际问题、改善现状。[290]

而 Qualia 是以互联网技术搭建的技术平台，目标是构建艺术组织、参观者、艺术家等多方高参与度的服务平台，以实现服务创新的绩效。其实施过程经历了迭代和完善，并逐渐提升了服

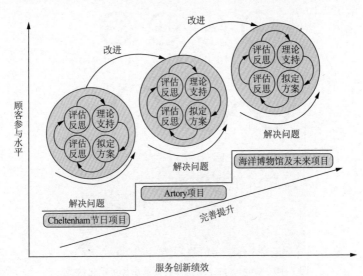

图 7-11　Qualia 项目完善行动研究循环模式

务创新绩效。其基本可以分为：Cheltenham 节日项目（定点顾客参与），Atory 项目（线上线下参与），海洋博物馆项目（方案拟定中）三个阶段。由于海洋博物馆目前还处于方案拟定过程中，本书主要针对 Artory 项目进行探讨。

Lewin 认为行动研究的过程对应着自我反思的螺旋渐进的循环模型，即这是一个当最初的问题解决后又需针对后续的新问题进行研究的、反复循环的螺旋上升过程。[291]Qualia 项目的行动研究过程即遵循这样的一种螺旋上升规律，最初从 Cheltenham 节日的实践中，它将固定地点内的顾客参与问题进行分析总结，并在后续 Artory 项目实施时加以改善。改进措施实施后的问题再进一步为后续项目的改善提供依据。

三、Cheltenham 节日观众参与和项目实践

2013 年 2 月至 10 月间的 Cheltenham 节日是 Qualia 重要的"现场"和实践场，通过事后的项目评估，我们发现结果并不如人意，但其中的启示为后续 Qualia 的完善提供了经验。

Cheltenham 是英国西南部城市，临近威尔士，每年有超过2500 名世界各地的顶级音乐家、作家、科学家、表演艺术家云集该地，为超过 21 万人次的各个年龄段观众献上丰富多彩的表演。Cheltenham 节日最早的形式是 1945 年的 Cheltenham 音乐节，随后逐步增加其他的节事活动。每年度由 R&D 支持的慈善项目，由四个主题节日构成，分别是爵士节（Jazz Festival）、科学节（Science Festival）、音乐节（Music Festival）、文学节（Literature Festival），一般从每年的 4 月底到 10 月初，为期半年。该项目每年都能获得 3 百万镑的赞助和捐款。

更好地理解他们的观众与并与之建立良好的关系是组委会的核心工作。另外，组织方承诺实现经济效益的同时，形成良好的艺术文化效应。为此，他们向艺术和科学方面的组织寻求帮

助，使用数字科技，来测量、搜集、验证他们工作的有效性。

艺术组织希望逐渐了解他们项目的经济、文化和社会影响，吸引更多的观众参与，加深与现有观众和商业伙伴间的联系。ACE，Nesta，AHRC 及 Wellcome 信托基金等，需要更为直观的数据报告，来检视他们的投入的项目效果。

鉴于此，i-DAT 基于 Qualia，提出了一套数字技术解决方案。它能够实现艺术活动中的现场评估和影响测量。实时系统将会通过动态的生成关注感觉的模型。该方案通过新技术的辅助，如情感分析、社交网络推送、短信交互及在线交互装置，来拓展当代艺术活动策划、关注观众评价，同时利用具有人流跟踪功能的软件，用来生成、分析，并且可视化的大量的情感／量化数据。它的出现使艺术组织和其他非专业的组织更容易获知文化效果。

首先，项目组对 Chelternham 节日的项目，作了几个关键的研究问题的界定，事后我们发现这些决定战略思路的问题，因受制于软件功能，过于集中在顾客信息采集方式方法上，而忽略了顾客知识分类和动机的探讨。

表 7-1　Chelternham 节日提出的主要问题

	Chelternham 项目创意的主要问题
1	除了手机应用，还有什么简便的方法可以进行数据收集和分析？智能手机应用和社交媒体数据情感分析能对文化活动进行多大程度的有效测量？使用这种方法有什么好处？
2	微笑采集在艺术和文化活动中能否准确地评价满意与愉悦度？衡量标准是什么？
3	社交媒体提供的数据能否用来影响未来项目和创意的方向？
4	有多少评价和反馈数据是公众愿意在艺术和文化活动中提供的，数据采集会不会影响参观者的愉悦感？
5	与现有的表格衡量方法相比，新技术的应用是否更有价值（如纸质问卷，基于网络平台的调研如 Survey Monkey）？

该项目的主要工作包括:

第一,平台的开发。开发一个开源的平台,来实时评估和测量艺术活动中的情感影响。

表 7-2　平台主要功能说明

类　　型	功　　　　能
移动应用(APP) Android, IOS, java	能够让用户反馈,参与活动,获得活动信息和 GPS 方位跟踪。
用户账号	允许用户用个人账号登录进入中央系统网站。这个应用还通过手机屏幕提供用户 ID/ 入场券。也可以通过现场的指定地点进行注册,如"取样器"上进行注册。
反馈	允许用户向 Qualia 系统推送信息。
上传	允许用户向 Qualia 系统上传图像、短片和音频。
激励机制	接受入场券级别的升级,更多的许可和选项。
活动信息	提供日程表、活动地图等。
人流	用户热点位置的跟踪,观众流向;能够获取大片用户的位置反馈等,允许活动组织者引导参观者去特定的地点;通过获得信息反馈,来协助安排节日中的小型活动。

图 7-12　Qualia 的手机应用界面

第二,取样器(probe)。这是在活动场地放置的检测平台,以便于观众的交流互动,反馈和信息查询。取样器通过分置于活动现场 / 区域 / 城市的探测装置,获得公众交流互动和参观者反馈时的动态可视化的信息，还加入了采集情感探测器的实时信息。

图 7-13　取样器的监控界面

表 7-3　取样器主要功能说明

类　型	功　　　能
WiFi	WiFi 热点提供网站和网络的移动应用的接入与沟通。
视觉	参观者眼部动作计数器，测量观众流向及通过微笑识别计数器，与观众的心情数据相关联。
听觉	听觉测量装置对活动现场的声音做检测。
扫描 / 打印	入场券（二维码 / 条形码）扫描仪与用户的手机应用整合，允许观众在现场登录，或在现场通过取样器屏幕显示并打印。
可视化系统（Visualizer）	在取样器的屏幕上，通过视觉系统，将动态数据显示出来。
人数计算器	跟踪并计算人数。
蓝牙	蓝牙热点支持媒体公告板。
NFC/RFI 标注	通过近距离无线电技术实现观众现场签到。

　　第三，网络引擎（web-engine）：管理同步应用和取样器的交互，提供并分析研究所搜集的行为和样本数据，包括 Facebook、Twitter 和 Google Maps 还有短信的交互信息。将应用和取样器的内容，根据情感算法（sentiment analyser）通过色彩编码的形

式显示出来。

图 7-14　取样器的监控界面

表 7-4　平台主要功能说明

类　型	功　　　　能
用户账户	个人和组织的账户管理。
API	系统利用不同的应用程序接口，包括 Facebook, Twitter 和 Google Maps 来追踪图像和进行信息多界面的推送。
数据获取	活动中，利用 API（应用程序接口）从社交网络（如 Facebook, Twitter 和 Google Maps 等）中搜集数据。
情感分析	将活动中的情感作为观众描述他们体验的语言进行研究分析，这些信息是对社交网络数据来源、与探测器在线反馈及移动应用的拓展。
探测器数据来源	通过探测器（微笑、声音等）采集影视频数据。
分析	在通过网站和移动应用进行可视化呈现之前对样本和行为进行分析。
管理	允许活动组织者进行系统管理，实时信息反馈，通过移动应用，网站和探测器推送信息的后台。
网站	是 S-OS 设备的用户前端，提供公众和供应商响应的第一站。

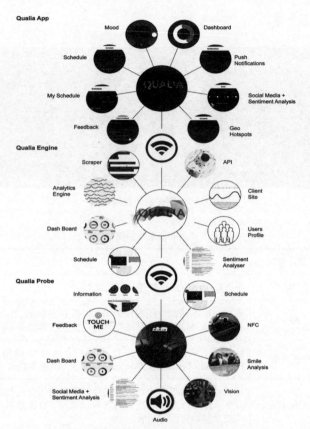

图 7-15　Qualia 的系统构成及数据交互模型
（数据类型相互关联和存储关系）

　　根据活动前对研究问题的设定，通过过程检验，活动方甚至艺术节对实时的、设计巧妙的观众反馈工具，表达了不同程度的兴趣。通过连接智能手机 App、Pods 上的信息平台及在线分析工具，观众评估技术及提升参与度成为可能，但是主办方并没有表示出继续采用该项目的强烈意愿。

　　对四个节日的观众进行 Qualia 的统计。当年总共出售了

215000 张门票；通过使用 Qualia，用户参与度达到一定的水平。

——微笑装置（Smile installation）：Jazz 节中有 1268 名观众在 6 天中与 Smaile 装置进行了互动。观众反响非常好（基于用户的微笑数量和与顾客的对话数）并且提供了 Qualia 的一个参数（Talking Point）。

——探测器（Probes）：音乐与文学节中，总共有 757 名观众与 Probes 进行了互动。Probes 虽然实现了与观众的良好互动，但没有达到预期水平，希望作进一步研究发现其中的原因。

——Qualia App：在科学与文化节中有 220 用户下载了 App，该应用在 2013 年 10 月的文学节上收到了 35000 个电邮注册用户。用户数量相对较少，因为直到节日的前一天，iTunes 才有了可下载版本。

Qualia 情感系统收到 9642 个 Twitter 用户的 31272 个推特，在 1 月份 45 个测试员通过对 1985 条推特进行分类并建立原始语义库，其中 3323 条推特是关于情感内容的。

文学节上，对于 Qualia 用户（n=41）反馈的调研显示：人们下载应用促进他们在节日中的参与（5%），提升了他们对 Chelternham 节日的反馈（5%），激起他们对 Qualia 技术的探索（46%），收到了关于活动有用的信息（27%）。虽然这证明该应用在搜集信息和分类上的功能，使我们能够搜集到对项目有帮助的信息，但这样的调研结果并不十分令人满意。

2015 年 3 月 i-DAT 小组进行了项目总结，其间，作为小组成员，笔者依据顾客参与服务创新的相关研究成果提出了笔者的观点和建议，得到了小组的一致认可。笔者认为 Qualia 是一个非常有效的顾客信息工具，它提出的实时的"情感"测量功能也是顾客知识高效获取的最有力途径，但是缺少对顾客参与的分类，数据与绩效之间缺少必然关联等问题，具体如下。

表 7-5　Chelternham 节日中的项目主要问题与建议

主要问题	相　关　建　议
顾客下载量，参与量不高	顾客参与动机的研究与挖掘、软件与常用流行软件的整合 1. 从顾客参与动机入手进行研究，通过满足顾客利益、趣味感、荣誉感、归属感、个体认可等方面的需求动机以调动参与积极性。 2. 将功能整合进社交媒体，或提供从流行社交媒体进入的入口，现在情况正相反。
数据来源广，但利用率低	以顾客资本视角进行顾客参与分析 1. 对顾客人力、社会、心理资本进行分类，区分对待。 2. 关注三类资本的协同效应。 3. 对不同顾客群体进行分类，设计顾客管理方案，培养领先顾客，有效发挥领先顾客的作用。 4. 策划媒体事件并吸引顾客进行有效传播。
主办方对后续使用缺乏动力	顾客知识的转化利用需要向创新绩效进行关联 1. 对不同顾客有不同的知识获取要求。 2. 设计不同的知识获取策略。 3. 减少过于花哨但无实际效能的采集端，加强使用功能，如活动实时信息推送，会普遍受到大众认可。 4. 专注于系统的优化与稳定性的提升。 5. 注意对顾客的口碑宣传。

但是，它作为一个实时获取观众反馈高科技工具，艺术文化界都表示出了很高的兴趣。通过整合移动应用、信息触摸屏和在线分析工具，它拓展观众评价技术，是提升参与度的有力工具。

在总结经验的基础上，Qualia 有着广阔的市场前景，在 2014 年 1 月和 6 月，i-DAT 基于该平台，分别开始开发普利茅斯市的文化推广项目——Artory 和海洋水族馆的用户 iPad 应用端的应用，其间笔者与项目组密切合作，进行了项目的后续开发和改进。

四、Artory 项目中对 Qualia 改进更新

Artory 是 2014 年 12 月底开始策划的文化推进数字媒体方案，其诉求是鼓励人们关注并积极参与普利茅斯的文化热点活

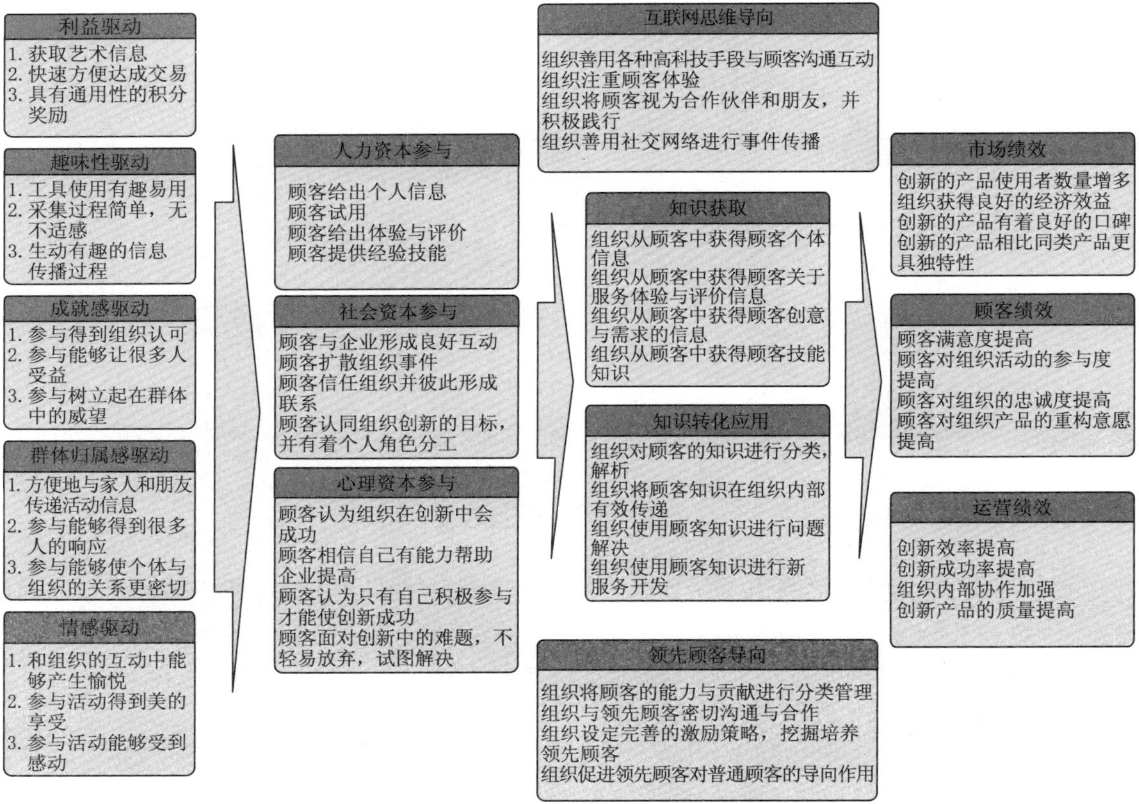

图 7-16 依据顾客参与服务创新的理论的项目开发思路

市场绩效

创新的产品使用者数量增多
组织获得良好的经济效益
创新的产品有着良好的口碑
创新的产品相比同类产品更
具独特性

顾客绩效

顾客满意度提高
顾客对组织的忠诚度提高
顾客对组织活动的参与度
提高
顾客对组织产品的重构意愿
提高

运营绩效

创新效率提高
创新成功率提高
组织内部协作加强
创新产品的质量提高

互联网思维导向

组织善用各种高科技手段与顾客沟通互动
组织注重顾客体验
组织将顾客视为合作伙伴和互动
积极践行
组织善用社交网络进行事件传播

知识获取

组织从顾客体验中获得顾客个体
信息
组织从顾客体验中获得评价信息
服务从顾客体验中获得顾客创意
与需求信息
组织从顾客中获得顾客技能
知识

知识转化应用

组织对顾客的知识进行分类、
解析
组织将顾客知识在组织内部
有效传递
组织使用顾客知识进行问题
解决
组织使用顾客知识进行新
服务开发

领先顾客导向

组织将顾客的能力与贡献进行分类管理
组织与领先顾客密切沟通合作
组织设定完善的激励策略,挖掘培养
领先顾客
组织促进领先顾客对普通顾客的导向作用

人力资本参与

顾客给出个人信息
顾客给试用
顾客给出体验与评价
顾客给提供经验技能

社会资本参与

顾客与企业形成良好互动
顾客扩散组织事件
顾客信任组织并彼此形成
关系
顾客认同组织创新的目标,
并有着个人角色分工

心理资本参与

顾客认为组织在创新中会
成功
顾客相信自己有能力帮助
企业提高
顾客认为只有自己积极参与
才能使创新成功
顾客面对创新中的难题,不
轻易放弃,试图解决

利益驱动

1. 获取艺术信息
2. 快速达成交易
具有通用性的积分
奖励

趣味性驱动

1. 工具使用有趣易用
不适感
2. 生动有趣的信息
传播过程

成就感驱动

1. 参与得到组织认可
2. 参与能够让很多人
受益
3. 参与树立起在群体
中的威望

群体归属感驱动

1. 方便地与家人和朋友
传递活动信息
2. 参与能够得到很多
人的响应
3. 参与能使与个体
组织的关系更密切

情感驱动

1. 利组织的互动中能
够产生愉悦感
2. 参与活动中得到美的
享受
3. 参与活动中能够受到
感动

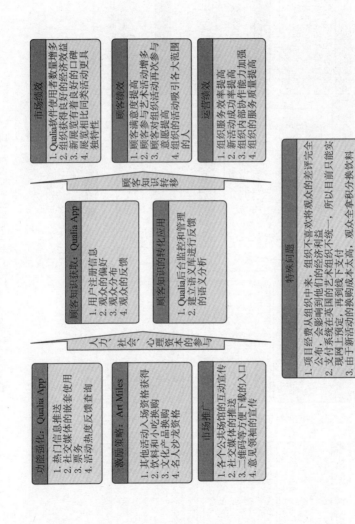

图 7-17 依据顾客参与服务与创新理论的项目开发模块

市场绩效
1. Qualia 软件使用者数量增多
2. 组织获得良好的经济效益
3. 新展览看着有良好的口碑
4. 展览相比同类活动更具独特性

顾客绩效
1. 顾客满意度提高
2. 顾客参与艺术活动再次参与意愿提高
3. 组织的活动吸引各大范围的人

运营绩效
1. 组织服务效率提高
2. 新活动成功率提高
3. 组织内部协作能力加强
4. 组织的活动服务质量提高

顾客知识转移

顾客知识获取: Qualia App
1. 用户注册信息
2. 观众的偏好
3. 观众分布
4. 观众的反馈

顾客知识的转化与应用
1. Qualia 后台监控和管理
2. 建立语文库进行反馈的语义分析

人力、社会、心理资本的参与

功能强化: Qualia App
1. 热门信息推送
2. 社交媒体的嵌套使用
3. 票务
4. 活动热度反馈查询

激励策略: Art Miles
1. 其他活动入场资格获得
2. 饮料和小吃换购
3. 文化产品换购
4. 名人沙龙资格

市场推广
1. 各个公共场馆的互动宣传
2. 社交媒体的推送
3. 二维码等方便下载的入口
4. 意见领袖的宣传

特殊问题
1. 项目经费从组织中来，组织不喜欢将观众的差评完全公布，会影响到他们的经济利益
2. 支付系统在英国的艺术组织不统一，所以目前只能实现网上预定，再到线下支付
3. 由于新活动的换购成本太高，观众全拿积分换购饮料

204

动。该项目由普利茅斯艺术中心、普利茅斯市政厅、普利茅斯文
化董事局及 i-DAT 牵头，联合普利茅斯九家艺术机构组织参与，
并由 i-DAT 负责开发实施 App 平台。该 App 平台从 2015 年 1
月初次上线，至今仍在不断提升完善。

在开发、改进该项目时，小组再次根据项目特点，依据顾客
参与的相关研究成果进行相关的整合，进行小组讨论和完善，并
以之作为项目开发的思路。

在开发思路中，通过引入 katz 提出的使用满意理论，加强对
顾客参与创新的激励动机的探讨。关注顾客（a）认识的需要（获
得信息、知识和理解），（b）情感的需要（情绪的、愉悦的或美感
的体验），（c）个人整合的需要（加强可信度、信心、稳固性和地
位），（d）社会整合的需要（加强与家人、朋友等的接触），（e）舒
解压力的需要（逃避和转移注意力），并以此作出关于 Artory 项
目的顾客参与设计方案。最终形成以下提升，完善了战略。

Artory 的核心是由 i-DAT 及其合作方为鼓励用户参与普利
茅斯文化热点活动而开发免费的 App 应用。在本项目中，特别

表 7-6　使用 Artory 应用的优势

1	通过移动 App 对组织活动进行数字化营销。
2	通过在全市范围对观众对活动的参观、分享、活动间的相互推荐，增加访客量。
3	通过精准的用户反馈数据，来提升活动质量。
4	通过实时采集，并且可视化的数据（用户基本情况、交互、查看信息等），来更好地理解观众。
5	通过激励顾客以增加访客量和深度参与。
6	通过观众的社交媒体进行促销。
7	通过提供项目影响力的报告为基金投入提供依据。
8	通过这种原创的文化效果评价方式，提升组织的品牌价值。

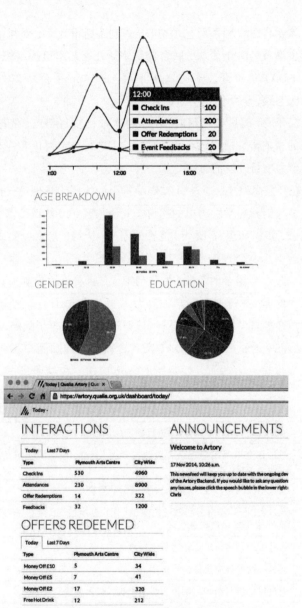

图 7-18 Artory 部分后台统计页面

增加了具有激励性质的艺术里程(Art Miles)积分,用户通过完成不同的任务能够获得积分,比如,完善个人信息,通过访问活动场地并留下反馈,由此获得艺术里程(Art Miles)。拥有艺术里程可以在参与全市其他艺术活动时获得饮料、折扣或 VIP 资格,以此激励为用户、为组织方和 Artory 项目发展所做的贡献。相比,另外一款流行的活动推送应用 What's on,Artory 的根本区别是鼓励访问者让他们在观看表演、展览、影像或参与活动时留下反馈意见,而非简单的信息推送。但应用功能性的完善也是项目组考虑的一大问题,毕竟这是用户使用应用获得个体利益的根本动机,考虑到英国支付系统非常发达,往往艺术组织所使用的支付系统各不相同,所以暂时只开通网上订票,提供二维码入场券,线下再付款的服务流程。观众按照参与度和艺术历程区分了荣誉会员和普通会员,荣誉会员在艺术活动中享有优先购票、与艺术家见面、获得作品签名等特权。此外,在社交媒体的应用上,由于艺术活动的复杂性,将用户的社交反馈交由华威大学的 Dr.Jensen 教授来完成语义分析,即顾客的知识的转化。另外,Qualia 所提供的强大后台,能够实现组织对用户信息、活动情况的完整掌握,免去了传统的活动后才进行统计调查的复杂而低效的工作,促进了艺术活动质量的提升,也成为项目基金获得的重要证明。

经过进一步完善,Artory 的用户数量正在逐步增加,也正逐步受到组织和个人用户的青睐,这款非常容易上手的应用,能够查阅活动信息、完成订票、记录用户在艺术文化活动过程中的体会与感受等。且顾客在参与过程中获得奖励,更好地推进艺术的发展。这对于传统做法即在活动后让观众做一堆纸质问卷,是一大进步。评价观众的反馈是文化组织重要的工作,良好的社会影响够支持他们进行基金申请和未来项目的发展。Artory

实现了用户数据，轻松、有趣、可视化的采集，这对城市文化建设和观众来说是双赢的。Artory 的后台是开源的，它不但可以在普利茅斯使用，也方便在其他城市中进行文化项目推广时使用。

五、通过社交化系统的用户参与创新机制分析

面对艺术组织对于获得活动评价和顾客建议的需求，传统的社会调研方法越来越低效和无趣，这促进形成了 Qualia 系统最初的开发构想，它本身是基于 i-DAT 所提出的"操作系统"理论，即设法创造一个能够在复杂世界中捕捉、挖掘体验性"数据"的这类隐性的顾客知识的工具，其技术核心是对顾客知识的获取、转化利用。

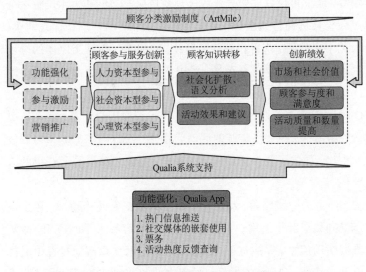

图 7-19　基于 Qualia 系统的用户参与服务创新的机制模型

在开放的 Qualia 系统平台上，可以与各种互动技术结合——比如移动手机应用，微信识别、GPS 等，完成对用户各类信息的搜集——比如位置、体验与建议，甚至现场的心情，通过激励策略如 Art Miles，鼓励观众深度参与。观众在参与中得到的是有价值、高效、有趣的互动体验，通过与互动媒体的接口的结合，用户可进行活动信息、个人体验（可视化信息）的发布、分享，Qualia 后台所完成的是顾客知识的获取、分类管理，并可通过进一步的转化与应用——比如社交媒体信息语言分析等，最终使活动组织方高效获得活动效果的一手资料，提升质量，获得市场和社会价值以及更高的顾客参与度和满意度，也为主管部门进行资助评定提供了具有说服力的数据。

第五节　本章小结

本章对三个案例进行了分析，它们分别是小米、giffgaff 和笔者在英国访学期间参与的 Qualia 系统开发提升的案例。结合本书所提出的顾客参与的理论框架通过对每个案例进行分析论证，进而说明该理论框架对实践案例具有解释力。

小米和 giffgaff 都成功采用了在线社区的技术手段。特别是小米提出的粉丝化战略和符合互联网社交特征的事件传播策略，吸引顾客深度参与 MIUI，在完整的顾客结构群分和顾客知识系统管理下，实现快速的服务产品的迭代。Giffgaff 同样采用顾客参与战略，利用利益、成就感和归属感的激励，让顾客进行营销、担任客服和进行产品设计，通过对社区顾客和顾客知识的管理，实现了高速市场增长、获得了良好的顾客反馈。

在使用行动研究法分析 Qualia 系统的项目应用中，首先，对 Cheltenhem 节日的 Qualia 应用进行分析，在获得良好的市场反响的同时，也对相关问题进行总结分析。i-DAT 小组通过使用本书的研究理论框架，提出了在艺术推广项目 Artory 中对 Qualia 方案的改进意见和策略，分别提出了参与激励（艺术里程积分）、顾客资本参与的分类管理（组织用户、艺术家及观众的分级管理）、社交媒体的深度结合（打通 Facebook、Twitter 和 What's Up）、人性化互动科技结合（手机 App 和网页版后台），通过顾客现场的效果评价、社交媒体上的语义分析，提升活动质量和效果，增加顾客参与度和满意度，进一步说明了该理论具有较好的实践应用性。

第八章　本书的结论与展望

第一节　本书结论

本书在参考了人力资本管理、服务创新管理、知识管理等领域相关研究的基础上，提出了顾客参与驱动互联网组织服务创新阶段演进模型；顾客参与对服务创新绩效影响的理论模型，选取知识密集型服务企业的代表——互联网企业作为实证调研对象，使用案例研究、结构方程方法对理论模型进行检验，最后得到以下几个研究结论：

（1）对顾客参与服务创新进行界定和测量

通过对已有的顾客参与的定义与理论上的整理与归纳，本书将人力资本视角、社会资本视角和心理资本视角的定义进行归纳和提炼，提出了顾客参与服务创新的全新定义，以便深入理解这一概念的复杂本质。本书基于资本禀赋视角，将顾客参与服务创新划分为人力资本型顾客参与、社会资本型顾客参与、心理资本型顾客参与三个维度。在借鉴国内外已有文献资料的基础上，结合学者和企业管理者的意见和建议，设计出顾客参与的初始问卷。通过小样本预测试、大样本正式调查，最终的统计检测表明：该量表具有良好的信度和效度，进而验证了概念维度划分的合理性。

（2）提出并验证了顾客的资本参与驱动互联网组织服务创新发展的三阶段过程，为顾客参与驱动服务创新发展演进提出了解释。

在互联网组织特征下，本书根据上文对顾客参与服务创新的内涵界定，并通过阿里巴巴服务创新的案例佐证了互联网组织在顾客参与的驱动下，服务创新的演化过程：即经过核心服务及其服务平台的优化创新开发，衍生型服务及其平台的构建转化，核心和衍生型服务平台的融合集成三个阶段，对顾客的资本参与同组织的服务创新间的必然性和发展过程作了全新的解释。

（3）提出并验证了顾客参与服务创新绩效的影响

在对国内外相关文献的整理分析基础上，本书基于资源基础理论、开放创新理论、用户创新理论进行逻辑推演，构建了顾客参与对服务创新绩效的影响模型，并通过结构方程和建模的方法证实了顾客参与对服务创新绩效确实存在显著的正向影响（标准化路径系数为 0.6，P 值为 0.000），进一步分析研究顾客参与各个维度对服务创新绩效的影响并发现：人力资本型顾客参与（标准化路径系数为 0.67，P 值为 0.000）、社会资本型顾客参与（标准化路径系数为 0.5，P 值为 0.000）、心理资本型顾客参与（标准化路径系数为 0.62，P 值为 0.000），对服务创新绩效都存在显著的正向影响。

（4）提出并验证了顾客知识转移对顾客参与服务创新绩效的完全中介作用

根据经典的投入转换产出过程理论（Input-transformation-output Model），本书将顾客参与视为顾客向企业投入资源的行为，服务创新绩效就是这种投入的最终产出，顾客知识转移是这一过程所必须经历的转化环节，所以本书在验证了顾客参与对顾客知识转移及顾客知识转移对服务创新绩效的基础上，进一步提出了顾客知识转移对顾客参与和服务创新绩效的完全中介作用假设。通过对中介变量和因变量回归及通过判定中介作用的满足多个条件，验证了顾客参与通过顾客知识转移的完全中介作用影响了服务创新绩效。同时进一步探讨了顾客知识转移各个维度对服务创新绩效关系的中介作用。结果表明，人力资本型顾客参与、社会资本型顾客参与、心理资本型顾客参与均通过顾客知识转移的完全中介作用影响着服务创新绩效。该结论表明顾客参与推动了顾客知识向组织转移的过程，即关于顾客的知识、顾客拥有的知识以及顾客与企业交互作用产生的新知识有效地转化为组织的知识，且组织将这些知识运用于服务创新活动，进而提高服务创新绩效。顾客知识转移的效果是顾客参与对服务创新绩效实现的关键影响环节。

（5）提出并验证了领先顾客导向的调节作用

通过对已有研究的分析，本书认为在组织中倡导领先顾客导向，能够在一定程度上影响顾客参与和服务创新绩效的关系。因此，本书利用5个领先顾客导向的指标，对所有共230个样本进行聚类分析，结果表明样本可以分为两组，分别为高领先顾客导向组和低领先顾客导向组。运用AMOS提供的MGA比较方法，分别检验了领先顾客导向是否在顾客参与对服务创新绩效的作用中存在显著的调节作用，并进一步验证领先顾客导向对模型中的哪些路径起到调节作用。结果显示，在不同水平的领先顾客导向下，顾客参与对顾客知识转移的影响存在显著差异，且高领先顾客导向影响高于低领先顾客导向的调节作用，此时顾客参与对顾客知识转移的影响是边际递增的。当领先用户导向水平较低时，组织并没有对顾客进行很好的群分，许多顾客的想法和建议及顾客的知识难以被组织获得和采纳、或很好利用与转化为创新的绩效。随着领先顾客导向水平逐渐提升，对组织的顾客进行合理的群分，对顾客知识进行合理的利用和转化，并对普通顾客也积极加以培养和转化，使其更容易将知识转移向组织，同时，转移的知识也更有价值。

另外，检验结果也表明，顾客知识转移对服务创新绩效的影响也受到不同水平的领先顾客导向的调节影响，高水平的领先顾客导向影响高于低领先顾客导向组，即领先顾客导向对顾客知识转移与服务创新绩效的关系具有正向调节作用。这一结论说明：顾客知识转移进组织中，势必会影响组织战略和组织变革，甚至影响现有的经营理念和经营模式。而对于顾客的群分、聚焦重要的领先顾客以及积极培养领先顾客的策略，能更准确更高效地将顾客知识转移进组织，进而影响服务创新绩效的实现。当组织领先顾客导向水平较低时，组织将顾客知识转化为创新绩效的试错成本和效率都会提高，服务创新就会受到较大阻力，进而影响服务创新绩效。而随着领先顾客导向水平的提高，领先顾客的知识高效有用，同时领先顾客也会积极帮助组织实施服务创新过程，进而提升服务创新绩效。

（6）提出并验证了互联网思维导向的调节作用

通过对已有的研究的分析，本书认为组织中的倡导互联网思维导向能够在一定程度上影响顾客参与和服务创新绩效的关系。故本书利用 3 个互联网思维导向的指标，对所有共 230 个样本进行聚类分析，结果表明样本可以分为两组，即高互联网思维导向组和低互联网思维导向组。运用 AMOS 提供的 MGA 比较方法，分别检验了互联网思维是否在顾客参与对服务创新绩效的作用中存在显著的调节作用，并进一步验证互联网思维导向对模型中的哪些路径起到调节作用，结果显示，在不同水平的互联网思维导向下，顾客参与对顾客知识转移的影响是存在显著差异的，且高互联网思维导向影响高于低互联网思维导向的调节作用，顾客参与对顾客知识转移的影响是边际递增的。当互联网思维导向水平较低时，组织对顾客、组织对员工以及组织对利益的相关方，缺少足够的重视，互联互通的程度不够，并缺乏一种平等的商业氛围，缺少对用户体验的关注。这导致顾客转移知识的动机不足，组织内部对顾客知识的转化吸收效果大打折扣，使顾客参与对顾客知识转移的效果受到负向影响。随着互联网思维导向水平逐渐提升，组织倡导平等和谐的商业氛围，建立良好的沟通机制，对于用户体验格外重视；顾客积极参与到服务创新中，从而形成了良好的互动机制。

另外，检验结果也表明，顾客知识转移对服务创新绩效的影响也受到不同水平的互联网思维导向的调节影响，高水平的互联网思维导向影响高于低互联网思维导向组，即互联网思维导向对顾客知识转移与服务创新绩效的关系具有正向调节作用。这一结论说明：顾客知识转移进组织过程中，组织建立更全面的各个利益相关群体的沟通机制，能得到更多元的、有益于创新的知识；倡导平等共赢的商业文化，能使各个利益相关者更容易协作、沟通、共同克服创新困难；对于顾客的体验足够重视，则会提高顾客对服务产品的认可，增强对组织的期待与情感，也使组织内部提升服务产品质量，形成对服务创新绩效的良性提高过程。

第二节　理论贡献与实践意义

一、对于服务创新的理论意义

本书内容具有以下几方面的理论意义。

本书结合现有理论与实际案例深入探讨了顾客参与服务创

新的概念内涵、分类特征、管理策略等问题,借鉴现有理论研究基础,从顾客资本禀赋的角度提出顾客参与服务创新的全新解释,对顾客创新管理的提供了理论支持。

本书以互联网组织为研究对象,以顾客参与为视角,结合知识转移、开放创新和用户创新等理论成果,使顾客参与同企业服务创新绩效得以有机连接,揭示并探讨了顾客参与影响服务创新绩效机制,是对互联网环境下服务创新理论的进一步拓展。

(1)提出参与型服务创新的概念

通过研究互联网组织特征和服务创新研究趋势,提出参与型服务创新的概念,并在此基础上提出顾客参与驱动互联网组织服务创新的三阶段过程,是对服务创新研究的补充和完善。

(2)构建了顾客的资本参与的三维度概念并进行有效测量

本书通过对相关文献的研究和梳理,综合现有的研究视角,基于资本禀赋视角提出顾客参与创新的三维度概念,并深入揭示了这一行为下的动态作用过程。通过实证方法对这一概念进行测量,弥补了以往研究中对这一概念的界定不清晰的问题,拓展了测量局限性,并为后续研究提供了研究基础。

(3)延伸了服务创新的研究视角

以往的服务创新研究主要是基于组织视角,并延续传统的技术创新的研究思路,主要从企业内部来考虑创新战略。本书以顾客参与的视角,通过外部视角来看组织内部的创新活动,将顾客作为重要的创新驱动力量纳入组织创新战略。本书从顾客资本禀赋的视角,探讨了顾客参与服务创新的本质。在顾客参与服务创新过程中,顾客的角色已经变为组织的"员工",互联网组织平台化特征也使顾客角色变得更为多元,这样一种角色的变化也使服务生产和创新产生了更大的参与动机,为组织构建顾客参与创新机制提供了理论契机,因此从该角度来分析顾客参与服务创新绩效的影响为服务创新提供了新的视角。

（4）揭示了顾客参与服务创新对创新绩效的作用机制

已有研究更多从生产层面探讨如何对服务质量、服务生产率、服务满意度等产生影响，很少有研究从企业战略的层面来探讨这样行为对创新有何影响。在对已有理论回顾的基础上，本书提出了三种类型的资本参与服务创新的战略模式，同时这样的模式通过顾客知识转移的中介变量，实现了服务创新绩效的提升。本书揭示且验证了顾客知识转移在顾客参与和服务创新绩效间的中介作用。巩固了知识经济时代下，顾客知识作为重要的企业外部关键知识来源的地位，丰富了顾客参与的内涵。此外，本书还指出，领先用户导向和互联网思维导向对这一过程的调节作用，进一步揭示了它们之间的作用关系。这样一种作用机制的构建，对今后的服务创新理论起到进一步的促进作用。

二、互联网组织顾客参与创新的策略建议

本书探讨了顾客的三类资本参与对服务创新绩效的影响，揭示了顾客知识转移的中介作用，并研究了领先用户导向、互联网思维导向对顾客参与和顾客知识转移之间、顾客知识转移与服务创新绩效之间的关系所存在的调节作用。本书结论能够为服务生产企业，特别是互联网服务企业的生产管理及服务创新活动，提供一些有价值的启示。

（1）注重对顾客三种类型的资本参与的有效管理

本书所提出的人力资本顾客参与、社会资本顾客参与、心理资本顾客参与，为企业提供了一种直观的顾客参与的管理思路。本书的结果验证了三种类型的顾客资本参与对服务创新绩效有显著的正向影响，因此对于这三类资本的有效管理将有助于这种正向影响。企业可通过以下方面对顾客参与进行有效管理，才能有助于服务创新绩效的提升。

第一，对三种类型的顾客参与进行有效的区分和管理。

实证研究已经证明顾客的知识能有效提升服务创新的绩效。在互联网时代，沟通的技术手段越来越多元与丰富。有效地获取、保持、增加有价值的顾客知识，显得极其重要。

企业需要从理念、战略、技术等多个层面实施对顾客知识的管理。企业可以利用信息技术，通过有意义的交流与其构建多元、长期、紧密的关系，影响顾客的行为。利用激励因素来吸引更多的顾客积极投入服务创新中；利用良好的筛选和分配机制对顾客参与进行分类和过滤，实现各种顾客知识的有效分类，便于知识进一步的转化利用。

顾客参与服务创新往往不会自动发生，顾客的个体差异、服务的类型、服务传递的环境都会影响顾客参与创新的程度（Danaher，1998）。顾客的社会化也是重要的顾客学习转变角色的途径，能让顾客对组织的价值观产生认同，提高自身的能力和增加自身的知识。[292]但是，大部分企业往往出于风险和成本的考虑并未真正落实以上策略。目前企业管理愈来愈趋向信息化管理，顾客管理也慢慢过渡到CRM（客户管理系统）先进的管理模式，但这仅仅是技术层面，同时它也更倾向于对服务质量的提高和维护。而服务创新是一项长期性、持续性、由知识累计发生的过程，合理构建顾客参与服务创新生态系统，可引导激励顾客进行自组织管理。

第二，企业需要让顾客明确知道什么形式的参与是被期望的，或能为自己或组织带来哪些益处。同时组织需要在顾客社会化过程中平衡收入和收益，又需要获得更多外部资源来实现知识转移并用于创新以取得竞争优势。如以顾客兴趣或服务功能互助而构建的虚拟社区，让顾客参与管理，社会化过程成为顾客和顾客间的交互，而虚拟社区成为服务创新中的顾客知识发生器。

第三，组织在顾客服务创新过程中提供良好支撑机制。

为了保证顾客能够顺利参与到服务创新过程，企业需要提供良好的激励和支撑机制。可以通过以下几个方面来实施：

创造平等开放的沟通组织氛围，使组织内部之间、员工与顾客、顾客与顾客间都能畅通地进行信息互通，包括线上和线下的互动。线上的互动使信息得以快速传输，而线下的互动避免了信息的失真，也提高了双方的情感水平。开放的沟通氛围，也使顾客自身以外的知识得以转移到组织内。

提供有利于顾客参与的必要协助。顾客不是组织的员工，没有专业的生产能力、及时的信息沟通，没有企业的奖惩和制度保障，为了实现有效的创新参与，组织需要给予顾客在参与过程中的支持和引导。如参与创新的兴趣导向，参与过程中信息的及时沟通，包括创新的诉求、进展、具体环节的说明；创新成功的激励保障，在必要时还可以对顾客进行培训或是指派专业人员给予协助与指导。

增加员工与顾客之间的联系。Berkowitz（1954）认为，可以增强顾客与员工彼此间的联系程度来提升团队的效率；而这很大程度上受到该群体中，员工与顾客的个性匹配度及顾客感知需求与员工能力间的匹配的影响。[293] 企业要通过为顾客创造在服务界面更多介入创新过程的可能，同时让顾客感知到服务界面的员工是可靠的，是与其需求相匹配的。也要寻找一种平衡使顾客的介入不至于影响员工的积极性或出现责任的推诿和参与过程中的冲突。

第四，建立各个层面的长期沟通机制，尤其是在服务创新完成后。

服务产品和有形产品的重要区别在于：购买的阶段并不完全发生于金钱与产品的交割后，服务产品需要不断完善、提升质量，并希望顾客成为品牌宣传者。所以在各个层面、各个阶段积极与顾客保持联系，构建长期沟通机制尤为重要。这样做的目的在于：能够及时跟踪服务消息，为后续的改进提供来源；谋求与顾客再次合作的机会，因为顾客已经拥有了相关创新的经验，有成为领先顾客的可能；顾客可能成为重要的品牌宣传者，并形成良好的市场效应和品牌效应。

（2）增强组织对顾客知识转移的能力

本书中，我们已经证明顾客知识转移在顾客参与和服务创新绩效之间的完全中介作用。但是在实践管理中，企业往往表现出较低的顾客参与水平，甚至拒绝顾客参与服务创新。其实质是企业实施服务创新战略中，忽视了对于顾客知识的有效转移，即缺乏对顾客知识的获得、转化利用的应用能力。在面对顾客参与创新中各类错综复杂甚至是大量无效的信息时，企业显得茫然甚至不知所措。这样的服务创新参与势必造成创新绩效的低下，甚至影响企业对于顾客参与创新的信心。因此，企业可以通过三方面来提高顾客知识的获得、转化利用能力，进而实现对顾客知识的有效利用。

在理念上，首先要坚信顾客参与创新能为企业的服务创新绩效带来提升，这种思想需要深刻贯穿于企业的经营理念中，强调顾客是企业的重要创新资源，是企业的合作伙伴，而不仅仅是服务产品的售卖对象，尤其是在互联网时代，闭门造车的产品很难获得市场认可，苹果公司的 Itunes 利用平台向用户开放 APP 应用开发权，顾客开发软件，卖给其他顾客。这构建了良好的顾客生态系统，取得了良好的创新绩效。

在战略上，充分利用先进的信息技术及顾客管理系统，将顾客知识充分有效地管理起来，形成对顾客显性知识的管理机制。同时企业需要与顾客建立良好的关系，尤其是顾客与产品开发一线员工的沟通机制,构建亲密稳定的关系,以实现顾客隐性知识的转移。如小米公司将小米的拥趸称为"米粉",将粉丝视为重要的企业资源,实施一系列的为粉丝所驱动的研发、生产、营销战略。

在操作手段上,企业首先可以通过提升员工的能力,这里的员工除了企业的正式员工外,也包括作为企业"临时员工"的顾客。首先,是促进员工与顾客间的知识转移,双方高效知识转移的关键在于双方存在知识交集(徐朝霞,2013)。对员工和顾客进行培训,以使双方都有进行服务创新必要的技能;为双方提供沟通平台,减少知识鸿沟和信息壁垒。其次,要增强员工获取顾客知识的能力和对顾客知识感知的敏感性,如通过案例分享、情境再现和角色互换等方式强化员工获取有价值信息和知识的能力。最后,企业需要通过设计一系列激励措施,来鼓励顾客与员工积极参与到顾客知识转移的过程,如通过在考评体系中增加评价指标来衡量顾客知识转移的效果,同时奖励通过获得、转化和利用顾客知识而为组织带来绩效的员工。如小米公司要求开发工程师必须在论坛与顾客沟通,并纳入考核指标。企业员工每月收到小米预售 F 码,可送给朋友或家人,以便于对服务产品的深入体验,从而获得后者的反馈。

(3)注重领先顾客的选择和培养

在理论和现实实践中,我们都可以发现并不是所有的顾客能为组织提供有效的创新知识。企业在积极扩大与外部顾客沟通的同时,一定要选择并培养领先顾客。组织不能希望通过投入大量资金就能"购买"到大量领先顾客。对于领先顾客的选择和培养是一个长期性的工作,这同样意味着组织需要投入更多精力和智慧与顾客保持密切的联系、培养组织与顾客的感情。

在组织中倡导领先顾客服务意识。员工面对顾客,不应有歧视,但应该有差异,员工要有意识地发现领先顾客,与领先顾客

...

建立良好互动关系。

构建领先顾客的培养和提升机制。领先顾客的发现是一个十分困难的过程，而通过合理的培养和提升机制，能使普通顾客成为领先顾客或体现出领先顾客的部分能力。英国的 Giffgiff 通讯公司就利用顾客的评级制度，和积分制度来提升普通顾客的参与意识，培养普通顾客使之成为领先顾客。

（4）倡导并积极落实互联网思维

互联网思维是重要的战略指导，企业在这种思想引导下企业可以更有效地获得、转化利用顾客的知识，取得创新绩效。许多互联网企业仅仅只是将业务搬到了互联网上，而本身并没有真正用互联网思维来思考和进行管理实践。企业需要在企业中倡导积极沟通、平等互助、强调用户体验的组织文化。互联互通存在于内部与内部之间，也存在于内部与外部，因而要积极鼓励外部与外部的沟通，以增加外部知识获得的可能性；对于员工与顾客或其他利益相关者的付出与投入给予充分的关注与鼓励，构建利益分享机制，众人拾柴火焰高，但众人都围着火堆取暖，才能形成良性循环；注重用户体验意味着价格不是唯一的工具，组织需要关注自己的服务产品，充分利用顾客知识来提升服务产品的用户体验，在开发全新产品时更应做到极致。这样，服务创新的绩效自然会得到提升。

第三节　未来展望

未来的研究可以在以下方面进一步展开：

（1）进一步扩大调查研究的范围，增加调研样本数量

在未来的研究中可以积极尝试多种渠道多种方式的数据收

集，在更广泛的区域中对样本进行收集，来扩大数据样本容量。同时，在收集数据的时候，要尽可能遵循随机抽样的原则，来增加样本的代表性。此外，在调研对象上不能仅仅限于企业的管理人员，还应将顾客纳入调研范围，进行综合的分析，以避免调研中出现的同源误差问题。同时，还可以对比分析不同地区、不同子类型的知识互联网企业的数据，以得到更具现实意义的研究结论。

（2）增加对顾客参与的各个变量的研究

本书的顾客参与的测量量表的信度和效度，对于其他地区需要作进一步的重复测量，对量表作深入的检验与修正，以提高量表的稳定性和一致性。此外，在顾客参与的研究中，其前因变量的研究大多是基于宏观和微观因素的定性分析，今后研究可进一步展开对这部分变量的实证研究。对于顾客参与的自变量主要是针对服务效率、服务质量等操作层面的研究，对于顾客参与和服务创新的战略测层面的理论和实证还需要完善。所以，对顾客参与和服务创新之间可能存在的其他中介变量和调节变量的深入的研究和探讨，应该成为未来的研究重点。

（3）对研究视角的拓展

未来的研究视角可以考虑分别从企业和顾客两个层面上对顾客参与和服务创新进行测量。比如，从顾客的角度出发，考量他们参与创新的意愿和能力；从界面交互的角度出发，研究顾客与各个服务创新过程的作用关系及对服务创新绩效的影响等。随着我国服务业的高速发展，顾客个人的消费能力、消费需求不断提高，对于服务产品的挑选能力、信息获取能力、对个性化的体验也不断增强，他们参与服务的动机和能力会逐渐被激发和培养。伴随着服务分工的细化，组织顾客也越来越成为重要的经济组成。未来可以加强基于我国的互联网组织顾客的服务创新参与的实证研究,并将研究结果与个人顾客参与创新的情境进行比对,将本书的研究模型进一步完善和优化。同时,还可以尝试将更多的情境加入其中,进行跨地域、文化的对比分析。

参考文献

［1］陈晓．KIBS 创新视角下互联网服务方式演变研究［D］．天津：天津商业大学，2013．

［2］Lundvall, B. A., Borras, S, The Globalizing Learning Economy: Implications for Innovation Policy［R］. Report from DG XH, Commission of the European Union, Brussels, 1997.

［3］魏江，胡胜蓉．知识密集型服务业创新范式［M］．科学出版社，2007，25—80．

［4］Parasuraman A., Zeithaml V. A., Berry L. L. A Conceptual Model of Service Quality and Its Implications for Future Research［J］. Journal of Marketing, 1985, 49(4): 41—50.

［5］Gronroos, C., Strategic Management and Marketing in the Service Sector［M］. Swedish School of Economics and Business Administration, Helsingfors, Finland, 1982.

［6］Bowen, D. E. Managing Customers and Human Resources in Service Organizations［J］. Human Resource Management, 1986, 25: 371—383.

［7］Firat, A. F., N. Dholakia, A. Venkatesh. Marketing in a Postmodern World［J］. European Journal of Marketing, 1995,

29（1）：40—56.

［8］Wind, J., Rangaswamy A. Customerization: The Next Revolution in Mass Customization［J］. Journal of Interactive Marketing, 2001, 15（1）: 13—32.

［9］Gersuny, C., Rosengren, W. R. The Service Society［M］. Cambridge, MA: Schenkman Press, 1973.

［10］Lengnick-Hall, C. A., Customer Contributions to Quality: A Different View of the Customer-Oriented Firm［J］. Academy of Management Review, 1996, 21（7）: 791—824.

［11］Sawhney, M. Going beyond the Product: Defining, Designing, and Delivering Customer Solutions［R］. In Robert F, Lusch, & Stephen L. Vargo（Eds.）, The Service Dominant Logic of Marketing: Dialog, Debate, and Directions. New York: M. E, Sharpe, 2006, 365—380.

［12］Bettencourt, L. A. Ostrom, A. L. Brown, S. W. Roundtree, R. I. Client Co-production in knowledge-intensive business services［J］. California Management Review, 2002, 44（4）: 100—128.

［13］Gadrey J, Gallouj F, Weinstein O. New modes of innovation: How services benefit industry［J］. International Journal of Service Industry Management, 1995, volume 6（3）: 4—16.

［14］Gallouj F, Weinsein O. Innovation in services［J］. Research Policy, 1997, 26（4—5）: 537—556.

［15］Sundbo J, Gallouj F. Innovation in services［R］. Oslo: STEP group, Services in Innovation, Innovation in

Services（SI4S），1998.

［16］Van d A W，Elfring T. Realizing innovation in services ［J］. Scandinavian Journal of Management，2002，volume 18：155—171（17）.

［17］王琳，魏江. 顾客互动对新服务开发绩效的影响——基于知识密集型服务企业的实证研究［J］. 重庆大学学报：社会科学版，2009，15：35—41.

［18］许庆瑞，吕飞. 服务创新初探［J］. 科学学与科学技术管理，2003，24（3）.

［19］蔺雷，吴贵生. 服务创新［M］. 北京：清华大学出版社，2007：321—322.

［20］Hertog P D，Bilderbeek R. Technology-Based Knowledge-Intensive Business Services in the Netherlands：Their Significance as a Driving Force behind Knowledge-Driven Innovation［J］. Vierteljahrshefte Zur Wirtschaftsforschung，1998，67（2）：126—138.

［21］Sternberg R，Arndt O. The Firm or the Region：What Determines the Innovation Behavior of European Firms?［J］. Economic Geography，2001，77（4）：364—382.

［22］Greenhalgh T，Robert G，Macfarlane F，et al. Diffusion of innovations in service organizations：systematic review and recommendations.［J］. Milbank Quarterly，2004，82（4）：581—629.

［23］柳卸林. 对服务创新研究的一些评论［J］. 科学学研究，2005，23（6）：856—860.

［24］孙冰. 企业自主创新动力机制及启示［J］. 科技管理研究，2007，27：11—13.

［25］Damanpour F., Schneider M. Characteristics of innovation and innovation adoption in public organizations: Assessing the role of managers［J］. Journal of Public Administration Research and Theory, 2009, 19（3）: 495—522.

［26］Orfila-Sintes F., Mattsson J. Innovation Behavior in the hotel Industry［J］. Omega: The International Journal of Management Science, 2009, 37（2）: 380—394.

［27］赵志强, 杨建飞. 企业技术创新能力提升机制研究——基于知识管理视角［J］. 西南交通大学学报: 社会科学版, 2011, 12: 78—82.

［28］陈劲, 蒋子军, 陈钰芬. 开放式创新视角下企业知识吸收能力影响因素研究［J］. 浙江大学学报: 人文社会科学版, 2011, 41（5）: 71—82.

［29］高顺成. 企业服务创新来源及其演进阶段发展条件研究［J］. 科技进步与对策, 2013, 30: 90—94.

［30］张芮. 创新氛围、知识二元性与服务创新关系研究［D］. 浙江: 浙江工商大学, 2014.

［31］Grawe S., Chen H., & Daugherty P. The relationship between strategic orientation, service innovation, and performance［J］. International Journal of Physical Distribution and Logistics Management, 2009, 39（4）: 282—300.

［32］Nijssen E., Hillebrand B., Vermeulen P., Kemp R. Exploring product and service innovation similarities and differences［J］. International Journal of Research in Marketing, 2006, 23（3）: 241—251.

［33］Slater S., Narver J. Market-oriented is more than being customer-led［J］. Strategic Management Journal, 1999,

20（12）：1165—1168.

　　［34］孙颖，陈通，毛维.物流信息服务企业服务创新过程模式研究［J］.现代管理科学，2009（5）：65—67.

　　［35］Evangelista R., Savona M. Innovation, employment and skills in services: firm and sectoral evidence［J］. Structural Change and Economic Dynamics, 2003, 14（4）：449—474.

　　［36］Cooper R. G., Kleinschmidt E. J. New products; What separates winners from losers?［J］Journal of Product Innovation Management, 1987, 4（3）：69—184.

　　［37］Osborne S. P., Kaposvari A. Non-governmental organizations and the development of social Services. Meeting social needs in focal communities in post-communist hungary［J］. Public Administration and Development, 1998, 18（4）：365—380.

　　［38］Avlontis G. J., Papastathopoulou P. G., Gounaris, S. P. An empirically-based typology of product innovativeness for new financial services: success and failure scenario［J］. Journal of Product Innovation Management, 2001, 18（5）：324—342.

　　［39］Mansury M, Love A, Innovation J. H. Productivity and growth in U. S. business services: A firm-level analysis［J］. Technovation, 2008, 28（1—2）：52—62.

　　［40］Chen, J. S., Tsou, H. T., Huang, A. Y. Service delivery innovation: Antecedents and impact on firm performance［J］. Journal of Service Research, 2009, 12（1）：36—55.

　　［41］辛枫冬.网络关系对知识型服务业服务创新能力的影

响研究［D］. 天津：天津大学，2011.

［42］王琳. KIBS 企业—顾客互动对服务创新绩效的作用机制研究［D］. 杭州：浙江大学，2011.

［43］王广发. 关系属性、共同生产对服务创新绩效的影响研究［D］. 广州：华南理工大学，2012.

［44］Thakur R., Hale D. Service innovation：A comparative study of U. S. and Indian service firms［J］. Journal of Business Research, 2013, 66（8）：1108—1123.

［45］Storey, C. & Kelly D. Measuring the performance of new service development activities［J］. Service Industries Journal, 2001, 21（2）：71—90.

［46］Herbjorn Nysveen, Per E. Pedersen. Willingness to Pay for Digital Services：Challenges for Future Research［C］. 第四届电子商务国际会议论文集, 2004：359—363.

［47］Alam, I. An exploratory investigation of user involvement in new service development［J］. Journal of the Academy of Marketing Science, 2002, 30（3）：250：261.

［48］Anderson, W. L., Crocca, W. T. Engineering practice and co-development of co-development of product prototypes［J］. Communications of the ACM, 1993, 36（6）：49—56.

［49］Muller, M. J., Wildman, D. M., White, E. A. Taxonomy of PD practices：A brief practitioner's guide［J］. Communications of the ACM, 1993, 36（4）：26—28.

［50］Neale, M. R., Corkindale, D. R. Co-developing products：Involving customer earlier and more deeply［J］. Long Range Planning, 1998, 31（3）：418—425.

［51］张红琪, 鲁若愚. 基于顾客参与的服务创新中顾客

类型的研究[J].电子科技大学学报(社科版),2010,12(1):25—29.

[52]张玉征.环境变动、顾客参与和新服务开发绩效的实证研究[D].兰州:兰州大学,2011.

[53]黄鹤珊.顾客参与新服务发展模式之建构[D].台北:世新大学,2008.

[54]Groth,Markus. Customers as Good Soldiers: Examining Citizenship Behaviors in Internet Service Deliveries [J]. Journal of Management, 2005, 31(2): 7—27.

[55]Sclmltze, U., A. D. Bhappu. Internet-Based Customer Collaboration: Dyadic and Community-Based Modes of Co-Production in Emerging E-Collaboration Concepts and Applications[C]. Ned Kock(Ed), Hershey, PA: CyberTech Publishing, 2007, 166—192.

[56]Alam, I., Perry, C. A customer-oriented new service development process[J]. The Journal of Services Marketing, 2002, 16(6): 515—534.

[57]卢俊义,王永贵.顾客参与服务创新与创新绩效的关系研究——基于顾客知识转移视角的理论综述与模型构建[J].管理学报,2011,8(10):1566—1574.

[58]李储.顾客参与对商务服务业企业服务创新绩效影响研究[J].特区经济.2014(11).

[59]Silpakit, P., Fisk, R. R Participatizing in service encounter[A]. Bloch, T. M., Upah, G. D. and Zeithaml, V. A.(Eds.)Service marketing environment American marketing proceedings series[C]. Chicago: American Marketing Association, 1985: 117—121.

［60］Kellogg, D. L., Youngdahl, Y. E., Bowen, D. E. On the relationship between customer participation and satisfaction: Two frameworks［J］. International Journal of Service Industry Management, 1997, 8(3): 206—219.

［61］Ennew, C. T. and Binks, M. R. Impact of participative service relationships on quality, satisfaction and retention: An exploratory study［J］. Journal of Business Research, 1999, 46 (2): 121—132.

［62］彭艳君. 顾客参与量表的构建和研究［J］. 管理评论, 2010, 22(3): 78—85.

［63］彭艳君. 顾客参与及其对顾客满意的影响研究［M］. 北京: 知识产权出版社, 2008.

［64］Chua C, Sweeney J. C. Customer participation in service production: Development of a multidimensional scale ［C］, Proc. of the Anzmac Conference, Adelaide, Australia. 2003: 2152—2159.

［65］Gruner, K. E., Homburg, C. Does customer interaction enhance new product success［J］. Journal of Business Research, 2000, 49(1): 1—14.

［66］Lagrosen, S. Customer involvement in new product development: A relationship marketing perspective［J］. European Journal of Innovation Management, 2005, 8(4): 424—436.

［67］魏江, 胡胜蓉, 袁立宏等. 知识密集型服务企业与客户互动创新机制研究以某咨询公司为例［J］. 西安电子科技大学学报, 2008, 18(3): 14—22.

［68］Van der Horst, I T. User involvement in new ICT

service development: A comparison of user involvement in business vs. private users oriented pre-competitive cases [D]. Netherlands: Utrecht University, 2008.

[69] Fang, Palmatier, R. W., Evans, K. R. Influence of customer participation on creating and sharing of new product value [J]. Journal of the Academy of Marketing Science, 2008, 36(3): 322—336.

[70] Sanden, S. The customer's role in new service development [D]. Doctor's dissertation, Karlstad University, 2007.

[71] He, J. Knowledge impacts of user participation; A cognitive perspective [C]. Special Interest Group on Computer Personnel Research Annual Conference, Proceedings of the 2004 SIGMIS Conference on Computer personnel research: Careers, Culture, and Ethics in a Networked Environment, 2004.

[72] 宋波. 顾客参与对新服务开发绩效的影响研究 [D]. 杭州: 杭州电子科技大学, 2011.

[73] Pilar Carbondl, Ana I. Rodriguez-Escudero, Devashish Pujari. Customer Involvement in New service Development: An Examination of Antecedents and Outcomes [J]. Journal of Product Innovation Management, 2009, 26: 536—550.

[74] Reichwald, R, Schaller, C. Innovations management von Dienstleistungen, Heraus for de rungen and Erfolgsfaktoren in der Praxis [A], in H. Bullinger & A. Scheer(Ed.), Service Engineering-Entwicklung and Gestaltung innovativer Dienstleisttmgen [C]. Springer, Berlin, 2003, 167—194.

[75] Desouza, KC, Y Awazu, S Jha, C Dombrowski, S Papagari, P Baloh and JY Kim. Customer-driven Innovation-To be a Marketplace Leader, Let Your Customers Drive [J]. Research Technology Management, 2008, 51(3): 35—44.

[76] Christina Oberg. Customer Roles in Innovations [J]. International Journal of Innovation Management, 2010, 14(6): 989—1011.

[77] Lilien, G. L., Morrison, P. D., Searls, K., Sonnack M., von Hippel, E. Performance Assessment of the Lead User Idea-generation Process for New Product Development [J]. Management Science, 2002, 48(8): 1042—1059.

[78] Bowen D. E. Managing Customers as Resources in Service Organizations [J]. Human Resource Management, 1986, 25(3): 371—383.

[79] Per Kristensson, Jonas Matthing, Niklas Johansson. Key Strategies for the Successful Involvement of Customers in the Co-creation of New Technology-based Services [J]. International Journal of Service Industry Management, 2008, 19 (4): 474—491.

[80] Gales, L., Mansour-Cole, D. User involvement in innovation projects [J], Journal of Engineering and Technology Management, 1995, 12(1/2): 77—109.

[81] Garcia-Mnrillo, M., Annabi, H. Customer knowledge management[J]. Journal of the Operational Research Society, 2002, 53(8): 875—884.

[82] Dahlsten, R Hollywood wives revisited: A study of customer involvement in the XC90 project at Volvo Cars [J].

European Journal of Innovation Management, 2004, 7 (2):
141—149.

[83] Muller, E., Zenker, A. Business services as actors
of knowledge transformation: the role of KIBS in regional and
national innovation systems [J]. Research Policy, 2001, 30
(9): 1501—1516.

[84] Bettencourt, L. A., Ostrom, A. L., Brown, S. W.,
Roundtree, R. I. Client co-production in knowledge-intensive
business services [J]. California Management Review, 2002,
44 (4): 100—128.

[85] Athanassopoulou, P., Johne, A. Effective
communication with lead customers in developing new banking
products [J]. The International Journal of Bank Marketing,
2004, 22, (2/3): 100—125.

[86] 王琳, 魏江. 顾客互动对新服务开发绩效的影响——
基于知识密集型服务企业的实证研究 [J]. 重庆大学学报 (社会
科学版), 2009, 15 (1): 35—41.

[87] Li, T., Calantone, R.J. The impact of market
knowledge competence on new product [J]. Advantage Journal
of Marketing, 1998, 62 (4): 13—29.

[88] Ashwin, J., Sharma. S. Customer knowledge
development: Antecedents and impact on new product
performance [J], Journal of Marketing, 2004, 68 (4): 47—59.

[89] Blazevic, V., Lievens, A. Learning during the
new financial service innovation process Antecedents and
performance effects [J]. Journal of Business Research, 2004,
57 (4): 374—391.

[90] Christopher, L. User involvement competence for radical innovation [J]. Journal of Engineering and Technology Management, 2007, 24(1): 53—70.

[91] Kristensson, P., Matthing, J., Johansson, N. Key strategies for the successful involvement of customers in the co-creation of new technology-based services [J]. International Journal of Service Industry Management, 2008, 19(4): 474—491.

[92] 王永贵. 顾客创新论——全球竞争环境下"价值共创"之道[M]. 北京: 中国经济出版社, 2011.

[93] Karagozoglu, N, Brown, W. B. Time-based management of the new product development process [J]. Journal of Product Innovation Management, 1993, 10(3): 204—215.

[94] William, H., Luo, C. NPD project timeliness: The project-level impact of early engineering effort and customer involvement[J]. International Journal of Product Development, 2008, 6(2): 15—34.

[95] Hsieh, L. F., Chen, S. K. Incorporating voice of the consumer: does it really work? [J]. Industrial Management & Data Systems, 2005, 105(5/6): 769—785.

[96] Nanda, A. Profitability drivers in professional service firms[M]. Harvard Business School Cases, 2004.

[97] Gadrey, J. Gallouj, F. The provider-customer interface in business and professional services [J]. The Service Industries Journal, 1998, 18(2): 1—15.

[98] Ozer, M. Using the internet in new product

development [J], Research Technology Management, 2003, 46 (1): 10—16.

[99] 望海军, 汪涛. 顾客参与感知控制与顾客满意度关系研究 [J]. 管理科学, 2007, 20: 48—54.

[100] Youngdahl W E, Kellogg D L, Nie W, et al. Revisiting customer participation in service encounters: does culture matter. [J]. Journal of Operations Management, 2003, 21(1): 109—120.

[101] 华迎. 网络购物顾客参与对顾客忠诚的影响研究综述 [J]. 电子商务, 2012: 9—10.

[102] FAN Jun. The Effect of Customer Participation on Customer Satisfaction and Customer Citizenship Behavior [J]. Journal of Business Economics, 2011, 1(1): 68—75.

[103] 刘文超. 顾客参与共同创造服务体验的机理研究 [D]. 吉林: 吉林大学, 2011.

[104] 徐健, 刘子龙. 网上顾客虚拟社区参与对在线黏度和再购意愿的影响研究 [J]. 中国零售研究, 2011.

[105] Sternberg R. J, Lubart T. I. Defying the crowd: Cultivating creativity in a culture of conformity. [J]. American Journal of Psychotherapy, 1995, 50.

[106] Glynn, M. A., Innovative genius: A framework for relating individual and organizational intelligences to innovation. Academy of Management Review, 1996, 21, 1081—1111.

[107] Lilien, G. L., Morrison, P. D., Searls, K., Sonnack, M., & Von Hippel, E., Performance assessment of the lead user idea-generation process for new product development. Management Science, 2002, 48(8), 1042—1059.

［108］Magnusson, P. R., Exploring the contributions of involving ordinary users in ideation of technology-based services. Journal of Product Innovation Management, 2002, 26 (5), 578—593.

［109］曹花蕊, 杜伟强, 姚唐, 等. 顾客参与内容创造的个体心理和群体创造机制［J］. 心理科学进展, 2014, 5: 002.

［110］彭艳君, 王刚, 高梅. 顾客参与零售企业服务创新研究［J］. 企业经济, 2012, (9), 56—59.

［111］Bruns Don. Increase Your Customers' Knowledge (and Your Business) Through Messages on Hold［J］. Telemarketing, 1992, 11(8): 31.

［112］Gordon, Geoffrey L, Kaminski, Peter F, Calantone, Roger J, di Benedetto, C Anthony. Linking Customer Knowledge with Successful Service Innovation［J］. Journal of Applied Business Research, 1993, 9(2); 129—139.

［113］Alan Cooper. Customer Knowledge Management［J］. Pool Business and Marketing Strategy, 1998, (3—4): 93—102.

［114］Gebert, H. Geib M, Kolbel. Towards Customer Knowledge Management: Integrating Customer Relationship Management and Knowledge Management Concepts［C］. The Second International Conference on Electronic Business, Taipei: National Chiao Tung University Press, 2002, 10—13.

［115］杨毅, 董大海, 郑兵. 顾客知识管理的概念与体系［J］. 商业研究, 2005, 309: 46—48.

［116］Lucal, Atuahene-Gima K. Market Knowledge Dimensions and Cross-functional Collaboration: Examining the Different Routes to Product Innovation Performance［J］.

Journal of Marketing, 2007, 71: 95—112.

［117］叶乃沂. 信息经济时代的客户知识模型［J］. 运筹与管理, 2002, 11（4）: 121—127.

［118］Polanyi, M. The Tacit Dimension［M］. London: Routledge and Kegan Paul, 1966.

［119］刘黎. 顾客知识挖掘与转移的流程探究［J］. 中国集体经济, 2010, 13: 71—72.

［120］Nonaka. I., Takeuchi. H. The Knowledge Creating Company［M］. New York: Oxford University Press, 1995.

［121］Gilbert, M., Cordey-Hayes. M. Understanding the Process of Knowledge Transfer to Achieve Successful Technological Innovation［J］. Technovation, 1996, 16（6）: 301—312.

［122］Cummings, J. Teng, B. -S. Transferring R&D Knowledge: The Key Factors Affecting Knowledge Transfer Success［J］. Journal of Engineering and Technology Management, 2003, 20: 39—68.

［123］孟然. 企业客户知识管理分析与绩效评价［D］. 哈尔滨: 哈尔滨工业大学, 2008, 6.

［124］芮明杰, 李鑫, 任红波. 高技术企业知识创新模式研究——对野中郁次郎知识创造模型的修正与扩展［J］. 外国经济与管理, 2004, 26（5）: 8—12.

［125］庄智. 客户知识管理中的知识转移研究［J］. 佳木斯大学学报（自然科学版）, 2006, 24（1）: 147—149.

［126］赵文军. 客户知识管理中的知识转移模式研究［J］. 现代情报, 2008, 9: 131—133.

［127］Tiwana A., Georgia State Univ., Atlanta. The

Knowledge Management Toolkit; Practical Techniques for Building a Knowledge Management System [M]. Prentice Hall PTR Upper Saddle River, NJ, USA, 2000.

[128] 金燕, 王翠波. 客户知识管理中的知识流动分析[J]. 高校图书馆工作, 2005, 25(108): 14—17.

[129] Von Hippel, E. The dominant role of users in the scientific instrument innovation process [J]. Research Policy, 1976(5): 212—239.

[130] 王学东, 赵文军. 基于知识转移的客户知识网络管理研究[J]. 情报科学, 2008, 26(10): 1471—1476.

[131] 杜红, 李从东. 多主体知识转移研究[J]. 西安电子科技大学学报(社会科学版), 2004, 14(4): 98—102.

[132] Laursen, K., Salter, A. Open for Innovation: the Role of Openness in Explaining Innovation Performance among UK Manufacturing Firms [J]. Strategic Management Journal, 2006, 27: 131—150.

[133] Hansen M. T. The Search Transfer Problem: The Role of Weak Tie in Sharing Knowledge across Organization Sub-units [J]. Administrative Science Quarterly, 1999, 44: 82—111.

[134] Cohen, W. and Levinthal, D. Absorptive Capacity: A New Perspective on Learning and Innovation [J]. Administrative Science Quarterly, 1990, 35: 128—152.

[135] Gupta, A. K., Govindaraj an, V. Knowledge Flows within Multinational Corporations [J]. Strategic Management Journal, 2000, 21: 473—496.

[136] Simonin B. L. Ambiguity and the Process of

Knowledge Transfer in Strategic Alliances [J]. Strategic Management Journal, 1999, 20: 595—623.

[137] Coff, R. Coff, D., Eastvold, R. The Knowledge Leveraging Paradox: How to Achieve Scale without Making Knowledge Imitable [J]. Academy of Management Review, 2006, 31: 1—13.

[138] Nonakai G. A. Dynamic Theory of Organizational Knowledge [J]. Organization Science, 1994, 5: 14—37.

[139] Prez-Nordtvedtl, Kediabl, Dattadk, Rasheeda A. Effectiveness and Efficiency of cross-border Knowledge Transfer: an Empirical Examination [J]. Journal of Management Studies, 2008, 45: 699—729.

[140] Rowley, T., Behrens, D., Krackhardt, D. Redundant Governance Structures: An Analysis of Structural and Relational Embeddedness in the Steel and Semiconductor Industries [J]. Strategy Management Journal, 2000, 21: 369—386.

[141] Inkpen, A. C., Tsang, E. Networks, Social Capital, and Learning [J]. Academy of Management Review, 2005, 30: 146—165.

[142] 曼纽尔·卡斯特. 网络社会的崛起 [M]. 北京: 社会科学文献出版社, 2006.

[143] 亚伯拉罕·马斯洛. 动机与人格 [M]. 北京: 中国人民大学出版社, 2007.

[144] 温万银. 顾客需求理论研究概述 [J]. 企业导报, 2012 (05): 243—244.

[145] 菲利普·科特勒, 加里·阿姆斯特朗. 市场营销学

[M]. 北京: 中国人民大学出版社, 2010.

[146] Woodruff R. B. Marketing in the 21st century customer value: The next source for competitive advantage[J]. Journal of the Academy of Marketing Science, 1997, 25(3): 256.

[147] 宋欣, 周玉玺. 知识员工创新绩效增益效应研究: 资本禀赋视角[J]. 经济研究导刊, 2014(14): 20—23.

[148] Schultz T. W. Investment in Human Capital: Reply [J]. American Economic Review, 1961, 51(5): 1035—1039.

[149] Becker G. Human capital: a theoretical and empirical analysis, with special reference to education[J]. Social Science Electronic Publishing, 1975, (3): 556.

[150] Black S. E, Lynch L. M. Human-Capital Investments and Productivity[J]. American Economic Review, 1996, 86 (2): 263—267. As the access to this document is restricted, you may want to look for a different version under "Related research"(further below)or for a different version of it.

[151] 陈建安, 李燕萍, 陶厚永. 试论知识员工人力资本与社会资本的协同开发[J]. 外国经济与管理, 2011: 35—42.

[152] Blundell R, Dearden L, Meghir C, et al. Human Capital Investment: The Returns from Education and Training to the Individual, the Firm and the Economy[J]. Fiscal Studies, 1999, 20(1): 1—23.

[153] Nahapiet, J., Ghoshal, S., Social capital, intellectual capital, and the organizational advantage, Academy of Management Review, 1998, 23(2): 242—266.

[154] Nan Lin. Social Capital: A Theory of Social

Structure and Action [M], Cambridge University Press, 2001.

[155] Luthans F, Avolio B. J, Avey J B, et al. Positive Psychological Capital: Measurement and Relationship with Performance and Satisfaction [J]. Personnel Psychology, 2007, 60(3): 541—572.

[156] Luthans F, Youssef C. M. Human, Social, and Now Positive Psychological Capital Management: Investing in People for Competitive Advantage [J]. Organizational Dynamics, 2004, 33(2): 143—160.

[157] Zhang Hongfang, Wu Wei. A research on synergic effect among psychological capital, human capital and social capital [J]. Economy and Management, 2009, 35(7): 44—49.

[158] 张红芳, 吴威. 心理资本、人力资本与社会资本的协同作用 [J]. 经济管理, 2009, 35(7): 44—49.

[159] Penrose, E. T. The Theory of the Growth of Firm [M]. New York: Wiley, 1959.

[160] Bamey, J. B. Firm Resources and Sustained Competitive Advantage [J]. Journal of Management, 1991, 17: 99—120.

[161] Parsons, T. How Are Clients Integrated in Service Organizations? [C]. in W. R. Rosengren and M. Leftn(eds) Organizations and Clients: Essays in the Sociology of Service, Columbus [A]. OH: Merrill, 1970, 1—16.

[162] C. K. 普拉哈拉德. 消费者王朝 [M]. 北京: 机械工业出版社. 2005.

[163] Kelley S. W, Skinner S. J, Donnelly J. H. Organizational socialization of service customers [J]. Journal of

Business Research, 1992, 25(3): 197—214.

[164] ALAM I. An exploratory investigation of user involvement in new service development[J]. Journal of the Academy of Marketing Science, 2002, 30(3): 250—261.

[165] Luthje C. Characteristics of innovation users in a consumer goods field: An empirical study of sport-related product consumers [J]. Technovation, 2004, 24(2): 683—695.

[166] Von Hippel E. "Sticky Information" and the locus of problem solving: implications for innovation [J]. Management Science, 1994, 40(4): 429—439.

[167] Alam I., Perry C. A. Customer-oriented new service development process [J]. Journal of Service Marketing, 2002, 16(6): 515—534.

[168] Luteberget A. Customer involvement in new service development: How does customer involvement enhance new service success[D]. Grimstad: Agder University, 2005.

[169] Gruner K. E., Homburg C. Does customer interaction enhance new product success[J]. Journal of Business Research, 2000, 49(1): 1—14.

[170] Kristensson P., Magnusson P. R., Matthing J. Users as a hidden resource for creativity: Findings from an experimental study on user involvement [J]. Creavity and Innovation Management, 2002, 11(1): 20—39.

[171] Zhang R. Y., Liu X. M., Liu D. W. Customer knowledge Transfer and Service Innovation performance: A customer-firm Interaction Perspective: proceedings of

International Conference on Service Systems and Service Management, Xi'an Jiaotong University, June 9—11, 2007 [C]. Xi'an: Xi'an Jiaotong University Press, 2008.

[172] Lundkvist A., Yakhlef A. Customer involvement in new service development: A conversational approach [J]. Managing Service Quality, 2004, 14(3): 249—257.

[173] Piller F. T., Walcher D. Toolkits for Idea Competitions: A Novel Method to Integrate Users in New Product Development [J]. R&D Management, 2006, 36(3): 307—318.

[174] 田喜洲. 从人力资本, 社会资本到心理资本——人力资源管理的新取向[J]. 商业研究, 2009(1): 77—79.

[175] Schiemann, W. A. People equity: A new paradigm for measuring and managing human capital [J]. Human Resource Planning, 2006, 29(1): 34—44.

[176] Lee, E. J., Lee, J., Eastwood, D. A two-step estimation of consumer adoption of technology-based service innovations [J]. The Journal of Consumer of Affairs, 2003, 37(2): 256—282.

[177] Gonzalez, M. E., Quesada, G., Picado, F., Eckelman, C. A. Customer satisfaction using QFD: An e-banking case[J]. Managing Service Quality, 2004, 14(4): 317—330.

[178] Bourdieu P. The social capital [J]. The Research on Sciences Socials, 1980, 31: 2—3.

[179] Coleman J. S. Social capital in the creation of human capital [J]. American journal of sociology, 1988: S95—S120.

[180] Lin N. Social capital: a theory of social structure

and action(structural analysis in the social sciences)[J]. 2002.

［181］Robert D. Democracies in Flux: the Evolution of Social Capital in Contemporary Society[J]. Oxford University Press, 2004.

［182］柯江林，孙健敏，石金涛等.人力资本、社会资本与心理资本对工作绩效的影响——总效应、效应差异及调节因素[J].管理工程学报，2010(4): 29—35.

［183］蒋建武，赵曙明.心理资本与战略人力资源管理[J].经济管理，2007, 29(9): 55—58.

［184］Luthans F, Luthans K. W, Luthans B C. Positive psychological capital: beyond human and social capital[J]. Business Horizons, 2004, 47(1): 45—50.

［185］王雁飞，朱瑜.心理资本理论与相关研究进展[J].外国经济与管理，2007, 29(5): 32—39.

［186］仲理峰.心理资本研究评述与展望[J].心理科学进展，2007, 15(3): 482—487.

［187］Luthans F, Luthans K. W, Luthans B. C.. 心理资本[M].中国轻工业出版社，2008.

［188］黄天龙，罗永泰.互联网服务业平台式泛服务化创新内涵与模型构建[J].财经问题研究，2015, (03): 24—32.

［189］Bitner M. J, Mohr L. A. Critical service encounters: The employee's viewpoint[J]. Journal of Marketing, 1994, 58(4): 95—106.

［190］Firat A. F, Dholakia N, Venkatesh A. Marketing In A Postmodern World[J]. European Journal of Marketing, 1995, 29: 40—56.

［191］Chesbrough H. Open Innovation, the New Imperative

for Creating and Profiting from Technology [M]. Boston: Harvard Business School Press, 2003.

[192] Vandermerwe, S. From Tin Soldiers to Russian Dolls: Creating Added Value through Services [M]. London: Buttenvorth & Heinemann, 1993.

[193] PiiJer, R, Schubert, P., Koch, M., Moslem, K. From Mass Customization to Collaborative Customer Co-design [A]. Proceedings of the ECIS [C]. Finland, 2004.

[194] Sakakibara, M. Cooperative Research and Development: Who Participates and in which Industries do Projects Take Place? [J]. Research Policy, 2001, 30(9): 993—1018.

[195] Tether, Bruce S. Who Co-operates for Innovation, and why: An Empirical Analysis [J]. Research Policy, 2002, 31(6): 947—967.

[196] Fang, E. Creating customer value through customer participation in b2b Markets: A value creation and value sharing perspective [D]. University of Missouri-Columbia, USA, 2004.

[197] 高忠义，王永贵. 用户创新及其管理研究现状与展望 [J]. 外国经济与管理，2006, 28(4): 40—47.

[198] 陈璟菁. 新服务开发创新绩效的实证研究——从组织学习视角分析 [J]. 技术经济与管理研究，2013(3): 30—34.

[199] Davenport TH and Prusak L. Working Knowledge: How Organizations Manage What They Know [M]. Harvard Business Press: Cambridge, MA, 1997.

[200] 张毅，张子刚. 企业网络组织间学习过程的二维模型 [J]. 科学学与科学技术管理，2005, 9: 67—71.

[201] Zander, U., B. Kogut. Knowledge and the Speed of

the Transfer and Imitation of Organizational Capabilities: An Empirical Test[J]. Organization Science, 1995, 6(1): 76—92.

［202］阮尹俐. 社会资本对 KIBS 中小企业客户知识获取、创新绩效的影响研究——以浙江软件业为例[D]. 杭州: 浙江工商大学, 2010, 1.

［203］Glynn, M. A., Innovative genius: A framework for relating individual and organizational intelligences to innovation. Academy of Management Review, 1996, 21, 1081—1111.

［204］Lilien, G. L., Morrison, P. D., Searls, K., Sonnack, M., & Von Hippel, E., Performance assessment of the lead user idea-generation process for new product development. Management Science, 2002, 48(8), 1042—1059.

［205］Basole R. C., Rouse W. B. Complexity of service value networks: Conceptualization and empirical investigation [J]. IBM Systems Journal, 2008, 47(1): 51—70.

［206］潘国刚, 郭毅. "互联网思维"产生的原因和特征研究 [J]. 互联网天地, 2014, 5: 014.

［207］喻国明, 姚飞. 强化互联网思维推进媒介融合发展 [J]. 前线, 2014(10): 54—56.

［208］闫瑾. 互联网思维为谁带来了生机——"后互联网思维时代"下的思考[J]. 职业, 2014(28): 22—23.

［209］卢俊, 周鸿祎. 如何刷新出版众筹纪录[N]. 出版商务周报, 2014-08-17.

［210］吴珂. 众筹新闻的内容生产特点探析——以美国众筹网站为例[J]. 青年记者, 2014(17).

［211］林鹤. 企业智力资本对供应商参与新产品开发影响关系的实证研究[D]. 西安: 西安理工大学, 2008.

［212］Mcivor, R., Humphreys, P. Early supplier involvement in the design process: Lessons from the electronics industry［J］. Omega, 2004, 32(3); 179—199.

［213］Romo, F., Schwartz, M. The structural embeddeness of business decisions: The migration of manufacturing plants in New York State, 1960 to 1985［J］. American Sociological Review, 1995, 60(6): 874—907.

［214］Kogut, B., Zander, U. Knowledge of the firm, combinative capabilities, and the replication of technology［J］. Organization Science, 1992, 3(3): 383—397.

［215］Hanna, N., Ayers, D. J., Ridnour, R. E., Gordon, G. L. New product development practices in consumer versus business products organizations［J］. Journal of Product & Brand Management, 1995, 4(1): 33—55.

［216］Milliken, F. J., Martins, L. L. Searching for common threads: Understanding the multiple effects of diversity in organizational groups［J］. Academy of Management Journal, 1996, 21(2): 402—433.

［217］González M. E., Quesada G., Picado F., et al. Customer satisfaction using QFD: an e-banking case［J］. Managing Service Quality, 1991, 14(14): 317—330.

［218］A. R. Hubbert, et al.. Satisfaction with Performance and Satisfaction with the Service Provider: Do Customers Make Distinctions? Presented at the Proceedings of the American Marketing Association Summer Educators Conference. Chicago, 1996.

［219］Luthans F., Youssef C.. Human, social, and now

positive psychological capital management: Investing in people for competitive advantage [J]. Organization Dynamics, 2004, 33(2): 151—152.

[220] Nahapiet J., Ghoshal S. Social Capital, Intellectual Capital, and the Organizational Advantage [J]. Academy of Management Review, 1998, 23(2): 242—266.

[221] Woolcock, M. Social Capital and Economic Development: Toward a Theoretical Synthesis and Policy Framework. Theory and Society, 1998, 27(2), 151—208.

[222] 卢鑫鑫. 国内外心理资本主流思想文献研究[J]. 现代企业教育, 2014,(16): 324—324.

[223] Luthans F., B. J. Avolio, F. O. Walumbwa, WX Li. The Psychological Capital of Chinese Workers: Exploring the Relationship with Performance [J]. Management and Organization Review, 2005, 1(2): 249—271.

[224] 赵西萍, 杨晓萍. 复杂工作环境下心理资本的研究 [J]. 科技管理研究, 2009,(6): 409—411.

[225] Martin Jr C. R., Horne D. A. Level of Success Inputs for Service Innovation in the Same Form[J]. International Journal of Service Industry Management, 1995, 6(4): 40—56.

[226] Burt R. S. Structural Holes: The Social Structure of competition[M]. Harvard University Press, 1992.

[227] Inkpen, Andrew C. Learning Through Joint Ventures: A Framework of Knowledge Acquisition[J]. Journal of Management Studies, 2000, 37(7): 1019—1044.

[228] Laursen K., Salter A. Open for innovation: the role of openness in explaining innovation performance among U. K.

manufacturing firms [J]. Strategic Management Journal, 2006, 27 (2): 131—150.

[229] Yli-Renko H., Autio E., Sapienza H. J. Social capital, knowledge acquisition, and knowledge exploitation in young technology based firms [J]. Strategic Management Journal, 2001, 22 (6—7): 587—613.

[230] Block P. The empowered manager: positive political skills at work [J]. The Jossey-Bass management series, 1987.

[231] Fredrickson B. L. What good are positive emotions [J]. Review of General Psychology, 1998 (3): 300—319.

[232] 冯静, 聂强, 王卫红. 高职学生自我效能感、成就目标定向、学习动机间的相关分析 [J]. 中国职业技术教育, 2011 (6): 20—23.

[233] Elliot, E. S. & Dweck, C. S. Goal: an approach to motivation and achievement [J], Journal of Personality and Social Psychology, 1989, 54: 5—12.

[234] 冯子标. 人力资本运营论 [M]. 北京: 经济科学出版社, 2000.

[235] 薛卫, 雷家骕, 易难. 关系资本组织学习与研发联盟绩效关系的实证研究 [J]. 中国工业经济, 2010, 4: 89—99.

[236] Marsh, S. J., Stock, G. N. Creating dynamic capability: The role of intertemporal integration, knowledge retention, and interpretation [J]. Journal of Product Innovation Management, 2006, 23 (5): 422—436.

[237] Minbaeva, D., Pedersen, T., Bjorkman, I., et al. MNC knowledge transfer, subsidiary absorptive capacity, and HRM [J]. Journal of International Business Studies, 2003, 34

（6）：586—599.

［238］Lichtenthaler，U. Absorptive capacity, environmental turbulence，and the complementarily of organizational learning process［J］. Academy of Management Journal，2009，52（4）：822—846.

［239］马超.企业社会资本与创新绩效的关系研究［D］.西安：西安电子科技大学，2012.

［240］Spreitzer G. M.，et al. Empowered to Lead：the Role of Psychological Empowerment in Leadership［J］. Journal of Organizational Behavior，1999，20：511—526.

［241］唐辉.基于心理资本中介效应的组织支持对知识转移的影响机理研究［D］.武汉：武汉理工大学，2013.

［242］王永贵，卢俊义.基于顾客心理资本视角的顾客参与服务创新与顾客知识转移研究——文献综述与模型构建［J］.营销科学学报，2009（4）：50—63.

［243］Brentani U. D. Success and failure in new industrial services［J］. Journal of Product Innovation Management，1989，6（4）：239—258.

［244］Moorman，C.，Miner，S. A. The Impact of Organizational Memory on New Product Performance and Creativity［J］. Journal of Marketing Research，1997，（2）：91—106.

［245］Sammarra A.，Biggiero L. Heterogeneity and Specificity of Inter-firm Knowledge Flows in Innovation Networks［J］. Journal of Management Studies，2008，45：785—814.

［246］徐朝霞.顾客共同生产对服务创新绩效的影响研究

［D］. 成都: 西南财经大学, 2013.

［247］Day, G. The Capabilities of Market-driven Organizations［J］. Journal of Marketing, 1994, 58: 37—52.

［248］Powell, W. W. Koput, K. W. Smith-Doerr, L. Inter-organizational Collaboration and the Locus of Innovation: Networks of Learning in Biotechnology［J］. Administrative Science Quarterly, 1996, 41: 116—145.

［249］Amidon, Debra M. Innovation Strategy for the Knowledge Economy-The Ken Awakening［M］. Butterworth Heinemann, 1997.

［250］周冬梅, 鲁若愚. 服务创新中顾客参与的研究探讨: 基本问题、研究内容、研究整合［J］. 电子科技大学学报（社科版）, 2009, 11（3）: 26—31.

［251］姚山季, 来尧静, 金晔. 顾客参与驱动企业研发绩效的机制研究: 组织学习视角［J］. 科学学与科学技术管理, 2015, 05: 95—104.

［252］Lettl, C., Herstatt, C. and Gemuenden, H. G., Users' contributions to radical innovation: evidence from four cases in the field of medical equipment technology［J］. R&D Management, 2006, 36（3）: 251—272.

［253］郑文清. 基于领先用户的顾客创新研究［J］. 商业研究, 2010（10）: 76—80.

［254］何国正, 陈荣秋. 消费品行业领先用户识别方法研究［J］. 统计与决策, 2009（4）.

［255］Clarke Ⅲ. Emerging value propositions form commerce［J］. Journal of Business Strategies, 2001, 18（2）: 133—148.

［256］喻国明．互联网逻辑下传媒发展的进路与关键［J］．声屏世界，2014，11：041．

［257］王重鸣．心理学研究方法［M］．北京：人民教育出版社，1990．

［258］Churchill, G. A. A paradigm for development better measures of marketing construct［J］. Journal of Marketing Research, 1979, 16(1): 64—73.

［259］Nunnally, J. C., Bernstein, I. H. Psychometric theory［M］. New York: McGraw-Hill, Inc, 1994.

［260］陈晓萍，徐淑英，樊景立．组织与管理研究的实证方法［M］．北京：北京大学出版社，2008．

［261］Fowler, F. J. Survey Research Methods［M］. Newbury Park, CA: Sage, 1988.

［262］Guthrie, J. The management, measurement and the reporting of intellectual capital［J］. Journal of Intellectual Capital, 2001, 2(1): 27—41.

［263］苏方国．人力资本、组织因素与高管薪酬：跨层次模型［J］．南开管理评论，2011，14(3)：122—131．

［264］Goldsmith, Arthur H., Jonathan R. Veum, and William Darity Jr. The Impact of Psychological and Human Capital on Wages［J］. Economic Inquiry, 1997(10): 815—829.

［265］Jayachandran S., Kelly Hewett, Peter Kaufman. Customer Response Capability in a Sense-and-Respond Era: The Role of Customer Knowledge Process［J］. Journal of the Academy of Marketing Science, 2004, 32(3): 219—233.

［266］范惟翔．客户知识管理、市场导向与行销绩效之关系

研究［D］．高雄：台湾中山大学企管所，2001．

［267］David A. Griffith, Ali Yavuz Zeybek, Matthew O'Brien. Knowledge Transfer as a Means for Relationship Development: A Kazakhstan-Foreign International Joint Venture Illustration［J］. Journal of International Marketing, 2001, 9（2）: 1—18.

［268］Ju, T. L. Li, Chia-Ying., Lee, Tien-Shiang. A Contingency Model for Knowledge Management Capability and Innovation［J］. Industrial Management & Data Systems, 2006, 106（6）: 855—877.

［269］委亦刚．知识管理构面与绩效关系的实证研究［D］．武汉：华中师范大学，2011，5：66—68．

［270］Tidd, J., Hull, EM. Service Innovation: Organizational Responses to Technological Opportunities and Market Imperatives［M］. Imperial Collge Press, London, 2003.

［271］Eric von Hippel, Lead Users: A source of Novel Product concepts［J］. Management Science, 1936, 32（7）: 791—805.

［272］叶三龙．基于聚类分析的网络社区领先用户发现研究［D］．合肥：合肥工业大学，2013．

［273］Eric von Hippel, Perspective: User Toolkits for Innovation［J］. Journal of Product Innovation Management, 2001, 07.

［274］Eric von Hippel, Democratizing Innovation［M］, the MIT press, 2005.

［275］范秀成，王静．顾客参与服务创新的激励问题——理论，实践启示及案例分析［J］．中国流通经济，2014，28（10）：

79—86.

［276］张军辉. 互联网思维下众筹新闻的理念创新与模式重构［J］. 中国出版, 2015, 1: 009.

［277］魏玉山. 互联网思维辩证谈［J］. 出版广角, 2014, 13: 002.

［278］张英军, 贾岳. 以互联网思维推进媒体实质性融合发展［J］. 中国记者, 2014, 7: 010.

［279］Zaltman, G., Duncan, R., Holbek, J. Innovation and Organization［M］. Wiley, New York, 1973.

［280］Weiss D. J. Factor Analysis and Counseling Research［J］. Journal of Counseling Psychology, 1970, 17(5): 477—485.

［281］Loehlin, J. C. Latent Variable Models: An Introduction to Factor, Path, and Structural Analysis(2nd)［M］. Hillsdale, NJ: Lawrence Erlbaum, 1992.

［282］Rigdon, E. E. CFI versus RMSEA: A Comparison of Two Fit Indexes for Structural Equation Modeling［J］. Structural Equation Modeling, 1996, 3(4): 369—379.

［283］Nunnally J. C. Psychometric Theory［M］. New York: McGraw-Hill, 1978.

［284］Fomell, C., D. F. Larcker. Evaluating Structural Equation Models with Unobservable Variables and Measurement Error［J］. Journal of Marketing Research, 1981, 18(1): 39—50.

［285］阳翼, 卢泰宏. 中国独生代价值观系统的研究: 一个量表开发与检验［J］. 营销科学学报, 2007, 3(3): 104—114.

［286］侯杰泰, 温忠麟, 成子娟. 结构方程模型及其应用［M］. 北京: 教育科学出版社, 2004.

[287] Bollen, K. A. A New Incremental Fit Index for General Structural Equation Models [J], Sociological Methods & Research, 1989, 17(3): 303—316.

[288] Baron, R. M., Kenny, D. A. The Moderator-Mediator Variable Distinction in Social Psychological Research: Conceptual, Strategic, and Statistical Considerations [J]. Journal of Personality and Social Psychology, 1986, 51: 1173—1182.

[289] Elliott J. D. P. E. Action research for educational change [M]. Open University Press, 1991.

[290] Kemmis S., Mctaggart R., Nixon R. The Action Research Planner [J]. Springer Berlin, 1988.

[291] Lewin K. Action Research and Minority Problems [J]. Journal of Social Issues, 1946, 2(4): 34—46.

[292] Kelly, S. W., Donnelly, J. J., Skinner, S. Customer Participation in Service Production and Delivery [J]. Journal of Retailing, 1990, 66(3): 15—35.

[293] Berkowitz, L. Group Standards, Cohesiveness, and Productivity [J]. Human Relations, 1954, 7: 509—519.

附 录

附录1：顾客参与互联网服务创新绩效访谈提纲

当前顾客对于企业的作用越来越大，许多企业允许甚至鼓励顾客参与到服务创新中来，尤其是互联网企业。我们认为，顾客参与服务创新是指：顾客在积极的心理状态下，不仅提供其信息、知识、思想、技术和情感，同时还利用其所能触及的自身周围的各类社会资源，参与服务供应商的服务创新活动，甚至率先测试和使用新服务。得悉贵公司在这方面进行了一定的实践探索，并取得理想的效果。因此，我们希望通过本次访谈了解如下问题，这将为本次研究提供极好的素材。

1. 请简要介绍一下贵公司的服务产品和服务创新情况。

2. 顾客在公司服务创新中的参与形式、内容、态度如何？存在哪些问题？（通过现有文献归纳，我们得出了某些维度，请您探谈对这些维度的认识，是否还有其他维度？）

A. 人力资本型顾客参与　B. 社会资本型顾客参与　C. 心理资本型顾客参与

3. 您认为顾客参与背景下的顾客知识转移是如何转移进企业的？（通过现有文献归纳，我们得出了某些维度，请您探谈对这些维度的认识，是否还有其他维度？）

A. 知识获取　B. 知识的转化利用

4. 您认为顾客参与生产对公司带来哪些方面的绩效？（通过现有文献归纳，我们得出了某些维度，请您探谈对这些维度的认识，是否还有其他维度？）

A. 市场绩效　B. 客户绩效　C. 内部运营绩效

5. 公司是如何对顾客群体进行区分的？他们对服务创新有什么影响？如何对待领先顾客？

6. 公司管理者对待服务创新的态度如何？

7. 公司拥有哪些措施和策略来促进顾客参与服务创新？

8. 公司如何对待顾客或员工的新想法？

9. 公司是如何理解互联网思维？是否在践行？是否对服务创新有影响？

10. 如果有机会，您有什么样的建议来提高服务创新的绩效？

附录2：顾客参与互联网服务创新绩效的影响研究调查问卷

尊敬的女士/先生：

您好！首先感谢您花费宝贵的时间参与本次调查。

本问卷调查是关于顾客参与、知识转移、领先顾客导向与服务创新绩效关系的研究。本研究的目的在于通过了解贵企业与顾客共同进行服务生产和传递的现状，以探索顾客共同生产如何影响企业的服务创新绩效。

本问卷中所有问题请您一定根据企业实际情况予以客观、公正的回答，以保证学术研究的准确性和科学性。本次调查采用匿名的方式进行，所取得的资料仅供学术研究之用，绝不会用于任何商业用途，敬请放心填写。衷心感谢您的热心协助！谨至上诚挚的谢意！

填写说明：

1. 本研究所涉及的顾客参与指的是：顾客在服务生产过程、创新中投入与自身有关的资源，包括人力、社会资源、积极心态等。

2. 问卷采用五级打分制，分值1—5表示题目中您对所描述的内容与贵公司实际情况的赞同程度，1为完全不同意，5为完全同意，以此类推。

3. 如果您收到的是纸质问卷，回答问题时，请在对应答案（数字）上画"√"。如果您收到的是电子版问卷，请您选择对应答案（数字）的圈（请注意每题只选一项）。

4. 假如有您感到难以理解的问题，请询问调查人员，希望得到您的大力支持。谢谢！

第一部分　企业基本情况

1. 公司所属类型：

□互联网信息服务业　　　　□互联网金融服务业

□互联网零售服务业　　　　□互联网教育服务业

□互联网医疗健康服务业　　□互联网专业技术服务业

□其他＿＿＿＿＿＿＿＿＿＿＿

2. 公司所在城市：＿＿＿＿＿＿＿＿＿＿＿＿＿＿

3. 公司拥有员工人数：

□ 50人以下　　　　　　　　□ 51—200人

□ 201—500人　　　　　　　□ 500人以上

4. 公司成立年限:

☐ 2 年以下　　☐ 3—5 年　　☐ 6—10 年　　☐ 10 年以上

5. 公司的服务对象中个人顾客和组织顾客的构成情况:

☐以个人顾客为主　　☐以组织顾客为主　　☐其他情况

第二部分　变量测量

依照如下描述,请根据以下分值给出您的意见或判断(1=完全不同意,2= 基本不同意,3= 不确定,4= 基本同意,5= 完全同意)。

说明: 1. 创新服务是指相对于原有服务而言,进行任何功能、形态等改进或开发全新的服务。

　　2. 问卷中的顾客如不加说明,都是指参与服务创新项目的顾客(用户)。

人力资本型顾客参与						
RL1	顾客利用自身信息参与企业服务创新	1	2	3	4	5
RL2	顾客利用对服务产品的体会和评价参与企业服务创新	1	2	3	4	5
RL3	顾客利用自身的所掌握的技能与经验参与企业服务创新	1	2	3	4	5
RL4	顾客利用自身的灵感与创意参与企业服务创新	1	2	3	4	5

社会资本型顾客参与						
SH1	顾客的关系网络与企业有良好的沟通	1	2	3	4	5
SH2	顾客与顾客之间有良好的交互活动	1	2	3	4	5
SH3	顾客与企业建立了良好的互惠关系	1	2	3	4	5
SH4	顾客与企业在服务创新过程中有共同的奋斗目标	1	2	3	4	5

心理资本型顾客参与					
XL1	通常顾客相信自己有能力参与到企业服务创新中	1	2	3	4	5
XL2	顾客相信积极参与到企业服务创新中才能使创新成功	1	2	3	4	5
XL3	顾客对参与企业服务创新而获得创新成功充满希望	1	2	3	4	5
XL4	顾客尝试解决企业服务创新中各种难题,不轻易放弃	1	2	3	4	5

知识获得					
HD1	企业可以从顾客那里获得关于顾客自身相关的信息	1	2	3	4	5
HD2	企业可以从顾客那里获得关于顾客需求的知识	1	2	3	4	5
HD3	企业可以从顾客那里获得关于现有服务的体验与评价的知识	1	2	3	4	5
HD4	企业可以从顾客那里获得关于改进建议的知识	1	2	3	4	5
HD5	企业可以从顾客那里获得关于服务开发理念和技能的知识	1	2	3	4	5

知识转化利用					
ZH1	企业可以对不同类型和来源的知识进行整合	1	2	3	4	5
ZH2	顾客知识能够在公司内部有效传递	1	2	3	4	5
ZH3	企业可以利用顾客知识解决问题和挑战	1	2	3	4	5
ZH4	企业可以应用顾客知识开发新服务	1	2	3	4	5
ZH5	企业可以利用顾客知识改进现有服务	1	2	3	4	5

市场绩效					
CW1	顾客参与服务创新使得企业利润增加	1	2	3	4	5
CW2	顾客参与服务创新使得本企业的服务更具竞争优势	1	2	3	4	5
CW3	顾客参与服务创新使得本企业的市场占有率提高	1	2	3	4	5

顾客绩效					
GK1	顾客参与服务创新使得顾客满意度提高	1	2	3	4	5
GK2	顾客参与服务创新使得顾客体验提高	1	2	3	4	5
GK3	顾客参与服务创新使得顾客的忠诚度提高	1	2	3	4	5

运营绩效					
NB1	顾客参与服务创新使得服务质量提高	1	2	3	4	5
NB2	顾客参与服务创新使得企业的服务生产效率提高	1	2	3	4	5
NB3	顾客参与服务创新使得内部协作加强	1	2	3	4	5

领先顾客导向					
LX1	公司积极识别领先顾客	1	2	3	4	5
LX2	公司与领先顾客密切合作	1	2	3	4	5
LX3	公司制订并实施激励领先用户参与创新的策略	1	2	3	4	5
LX4	公司提供条件并激励普通顾客使其转化成领先顾客	1	2	3	4	5
LX5	公司积极培训普通顾客使其转化为领先顾客	1	2	3	4	5

互联网思维导向					
HL1	企业倡导互联互通精神,并积极践行	1	2	3	4	5
HL2	企业倡导平等民主的商业氛围,并积极践行	1	2	3	4	5
HL3	企业倡导注重用户体验的文化,并积极践行	1	2	3	4	5

调查到此结束,再次致以衷心的感谢!

图表索引

图书在版编目(CIP)数据

互联网组织的顾客参与和服务创新/唐承鲲著. —
上海:上海人民出版社,2018
ISBN 978 - 7 - 208 - 15256 - 4

Ⅰ.①互…　Ⅱ.①唐…　Ⅲ.①网络公司-企业管理-
销售管理-商业服务-研究　Ⅳ.①F490.6

中国版本图书馆 CIP 数据核字(2018)第 134180 号

责任编辑　张晓玲　刘华鱼
封面设计　小　新

互联网组织的顾客参与和服务创新
唐承鲲　著

出　　版　上海人民出版社
　　　　　(200001　上海福建中路 193 号)
发　　行　上海人民出版社发行中心
印　　刷　常熟市新骅印刷有限公司
开　　本　890×1240　1/32
印　　张　8.75
插　　页　4
字　　数　198,000
版　　次　2018 年 8 月第 1 版
印　　次　2018 年 8 月第 1 次印刷
ISBN 978 - 7 - 208 - 15256 - 4/G·1908
定　　价　38.00 元